U0647861

四部要籍選刊・經部　蔣鵬翔　主編

阮刻孟子注疏解經 一

〔清〕阮元　校刻

浙江大學出版社

傳古樓據上海圖書館藏清嘉慶刻本影印原書框高一六七毫米寬一二四毫米

出版説明

《孟子注疏解經》十四卷，漢趙岐注，題宋孫奭疏，據上海圖書館藏清嘉慶二十年江西南昌府學刻本影印。

《孟子》是先秦儒家大師孟軻與其弟子『萬章之徒』合作撰成的著作。《史記·孟子列傳》云『退而與萬章之徒序《詩》《書》，述仲尼之意，作《孟子》七篇』，而《漢書·藝文志》將其著録在諸子略的儒家類，稱『《孟子》十一篇』。今本《孟子》包括自《梁惠王》至《盡心》凡七篇，與《史記》所載吻合，漢趙岐作《孟子題辭解》，稱這七篇是内篇，『又有《外書》四篇：《性善》《辯文》《説孝經》《爲正》，其文不能弘深，不與内篇相似，似非孟子本真，後世依放而託之者也』。《漢志》的十一篇之説應是合内篇、《外書》而計之。《外書》因爲人多疑之，所以很早亡佚，《隋書·經籍志》著録趙岐注《孟子》十四卷、鄭玄注《孟子》七卷、劉熙注《孟子》七卷，都顯然只包括内篇，與《外書》無涉（今本《孟子外書》是後人的僞作）。

《孟子》是先秦儒家著作中極爲重要的一種，吕思勉《經子解題》指出：『《孟子》一書，存儒家大義實多。……康有爲謂孟子傳孔門大同之義，荀卿只傳小康，合否今姑勿論。要其爲書，則遠出荀卿之上，非他儒書所得比並，真孔門之馬鳴、龍樹矣。』但在唐以前，皆視其爲子書（《漢志》著録於諸子略，《隋志》著録於子部），不與經書同列，故地位與同時期的其他儒家子書並無本質區别，《孟子》學的發達程度也遠不能與儒家諸經相媲美。『《孟子》書，漢以來雜於諸子中，少有尊崇者。自唐楊綰始請以《論語》《孝經》《孟子》兼爲一經，未行。韓昌黎又推崇之。其後皮日休請立《孟子》爲學科。……則宋人之尊孟子，其端發於楊綰、韓愈，其説暢於日休也。』（趙翼《陔餘叢考》卷四『尊孟子』條）

北宋熙寧四年（一〇七二）王安石變法時，《孟子》首次躋身科舉考試所涉及的儒家經典之列。《宋史·選舉志》云：『於是改法，罷詩賦、帖經、墨義，士各占治《易》《詩》《書》《周禮》《禮記》一經，兼《論語》《孟子》。每試四場，初大經，次兼經。』《孟子》從此正式從子書上升爲兼經，之後雖然政策多變，但《孟子》的經典地位没有動摇，這也意味著儒家『十三經』已完成了實質上的構建，儘管這一概念要到明代才被正式提出並形成學界共識。

漢人趙岐所撰《孟子章句》是傳世最早的《孟子》注本。趙岐，字邠卿，東漢末年京兆長陵人。他生當章句學多遭非議、風氣漸衰的時代，卻能迴避漢世説經諸家常用的五類體例，堅持以章句之學詮釋《孟子》本文，清人焦循稱其『於《孟子》既分其章，又依句敷衍而發明之，所謂章句也。章有其恉，則總括於每章之末，是爲章恉也。疊詁訓於語句之中，繪本義於錯綜之内，於當時諸家實爲精密而條暢』。不僅有功於《孟子》，也爲章句學的傳承和改良做出了貢獻，後世治《孟》學者無不深受其影響，如唐之陸善經、張鎰、丁公著『其所訓説，雖小有異同，而共宗趙氏』，宋之孫奭《孟子音義》以趙岐注爲底本，朱熹《孟子集注》『採用趙説獨多，即不明著趙氏而與之同者，幾於累牘』。關於趙岐注的特點及意義，前人討論頗多，其中郜積意《趙岐〈孟子注〉：章句學的運用與突破》一文論述較爲明晰，可參考。

《孟子注疏》中另有一學術史公案，即所謂《孟子疏》的作者與真僞問題。今本《孟子疏》題孫奭撰。孫奭字宗古，博州博平人，以經術著稱，《宋史》本傳載其著述云：『常掇五經切於治道者，爲《經典徽言》五十卷。又撰《崇祀録》《樂記圖》《五經節解》《五服制度》。嘗奉詔與邢昺、杜鎬校定諸經正義、《莊子》《爾雅》釋文，考正《尚書》《論語》《孝經》《爾雅》謬誤及律音義。」未談及其有《孟子疏》，但孫奭確實與《孟子》有較密切的聯繫。《宋會要輯稿·崇儒》四云：『大中祥符五年十月，詔國子監校勘《孟子》。直講馬龜符、馮元、説書吴易直同校勘，判國子監龍圖閣待制孫奭、虞部員外郎王旭覆校，内侍劉崇超領其事。奭等言：「《孟子》舊有張鎰、丁公著二家撰録，文理舛互。今采衆家之善，削去異端，仍依《經典釋文》，刊《音義》二卷。」』司馬光《涑水記聞》卷四云：『（奭）精力於學，同定《爾雅》《論語》《孝經》正義，請以孟軻書鏤板。』孫奭是北宋著名的經學家，青年時『有從奭問經者，奭爲解析微指，人人驚服，於是門人數百皆從奭』。入仕即『以經術進』。他親自參與了官修《爾雅》《論語》《孝經》三經正義的工作，又奏請官方雕印《孟子》，奉詔覆校《孟子》，並採擇舊注，撰成《孟子音義》。如果當時要編修《孟子疏》的話，無論是興趣、聲望還是經驗、能力，都很難有比孫奭更合適的人選，今本《孟子疏》所以題孫奭撰，恐怕也是這一原因。

但《孟子疏》署名孫奭之事，卻從南宋開始就有人提出質疑。質疑的理由主要是三類，一是孫奭的傳記資料中不曾提及《孟子疏》之撰作。不僅傳記闕載，連官修《崇文總目》、《中興館閣書目》和晁公武的《郡齋讀書志》也都没有著録，直到南宋寧宗、理宗時期的陳振孫《直齋書録解題》才見蹤跡，其卷三『孟子正義十四卷』條云：『孫奭撰。序言爲之注者，有趙岐、陸善經，其所訓説，雖小有異同，而共宗趙氏，今惟據趙氏爲本。』二是對《孟子疏》學術水平的不滿，朱熹批評云：『其書全不似疏樣，不曾解出名物制度，只繞纏趙岐之説耳。』（見《朱子語類》）《四庫總目》稱其『皆敷衍語氣，如鄉疏講章』，『至岐注好用古事爲比，疏多不得其根據。……則弇陋太甚。』余嘉錫抨擊尤爲激烈，其《四庫提要辨證》云：『知唐時自有此種俗學，蓋不甚識字人所作，何足登大雅之堂。……乃并引以疏經。……是直視兔園册子爲枕中鴻寶，其人之爲村塾腐儒，即斯可見矣。』三是朱熹直接指證託名之人，謂『《孟子疏》乃邵武士人假作，蔡季通識其人』。言之鑿鑿，後世多信從。生活在宋神宗時期的吕南公有《讀孟子疏》一文，提到『閩先生徐某，老於道德之學，於此書致功良深』。或以爲徐某即朱熹所指之『邵武士人』，但又與蔡季通之年代不相吻合，余嘉錫、鞏本棟等學者都曾加以討論，目前來説，還是缺乏合乎邏輯的周密解釋，不妨存疑俟考。

拋開作者身份的問題不談，單純從學術角度來看《孟子疏》，仍有值得表彰的地方。董洪利《〈孟子注疏〉與孫奭〈孟子〉學》將此歸納爲三點：首先，因爲此前孟學不及他經之盛，當時所能依託的舊注成果較少，作者能夠克服困難，完成第一部以『疏』的形式出現的《孟子》注本，使得十三經都有配套的『注疏』，草創之功有口皆碑；其次，《疏》對《孟子》原文展開逐字逐句的詳細説解，再對趙注加以疏通，平正通達，體式嚴整，符合『疏』體的規範，朱熹『全不似疏樣』之言過於偏激；再者，《疏》的整體水平雖然不及朱熹《集注》、焦循《正義》之精深，但也有一些獨到的見解。裘錫圭曾取『天下之言性也』章的疏文與趙岐、朱熹、陸九淵、焦循等人的解釋相比較，指出疏文最符合孟子原意，便是一個典型的例子。

與其他經書一樣，《孟子注疏》也依次經歷了經注本、單疏本、八行本、十行本的刊行階段。關於經注本的流變，我們在《景宋蜀刻本孟子趙注》（廣西師範大學出版社二〇一八年版）的出版説明中已有介紹，兹不贅述。而《孟子》單疏本因爲文獻上鮮見雕印記録，又無實物流傳，所以過去有學者以爲並無單疏本印行，如屈萬里《十三經注疏板刻述略》云：『群經單疏本已有十二種，獨《孟子》未刻。蓋《孟子》一書，在北宋時猶不爲士林所重，故不列之於經，且孫

《疏》爲邵武士人僞託，書成時或當在南宋，端拱及咸平兩度刻疏時固不得而見之也。』王耐剛則取《注疏》宋刻八行本與元刻十行本對校，發現二者的疏文當出於同源，從側面證明八行本之前確實有一《孟子》單疏本的存在。《孟子注疏》之合刊，一般認爲始自南宋寧宗嘉泰、開禧年間（一二〇一—一二〇七）兩浙東路茶鹽司刻本（即所謂越刻八行本），八行本今存四部，臺北故宫博物院藏十四卷全本一部，中國國家圖書館、南京博物館、北京大學各藏殘本一部。李霖《宋本群經義疏的編校與刊印》指出：『八行本《孟子》在經注本分卷基礎上，按篇幅析爲上下子卷，其下卷皆非一篇之始，而篇題、撰人等標目仍承襲上卷。這與日抄八行本《毛詩》的子卷標目體例一致，都是合刻編者自覺運用經注本體例的明證，顯然有别於越本《周禮》《禮記》《左傳》「義疏」本位的編纂方式。』《孟子注疏》十行本系統中，傳世最早的是元刻明修本，但該本不僅宋諱缺筆，而且用墨圍標識宋諱字，故知其底本當爲宋刻十行本，也就是説宋刻十行本是曾經存在的。八行本与十行本之間的一個重要區别是八行本卷端的《孟子正義序》内容與孫奭的《孟子音義序》相同，俱云：『今既奉敕校定，仍據趙注爲本，惟是音釋，宜在討論……推究本文，參考舊注，采諸儒之善，削異説之煩，正以字書，質諸經訓，疏其疑滯，備其闕遺，集成《音義》

十行本卷端的《孟子正義序》則云：『臣奭前奉敕與同判國子監王旭、國子監直講馬龜符、國子學説書吴易直、馮元等作《音義》二卷，已經進呈。今輒罄淺聞，雖趙氏所説，仰效先儒釋經，爲之《正義》。凡理有所滯，事有所遺，質諸經訓，與之增明。雖仰測至言，莫窮於奥妙，而廣傳博識，更俟於發揮。』顯然八行本的編刊者是直接借用《孟子音義序》的内容，只不過換了個《孟子正義序》的題目，以致内容與題目牴牾，十行本的編刊者發現此問題，又對《音義序》的細節稍作修改，使其看上去更像一篇《音義》之後續修《正義》的新撰之序，但抄襲痕跡仍然一望便知。這也證明十行本《孟子正義序》是十行本編刊者篡改《音義序》而成（南宋建陽書坊慣於創新，此類發明不足爲奇），並非《孟子疏》作者或八行本編刊者所爲。除序文外，八行本與十行本的注疏文字皆有差異，但疏文差異往往一脈相承，可視爲文本在流傳過程中産生的正常訛變，注文則存在多寡不同、分合不同、内容顯異的現象，由此可推論八行本與十行本的疏文源於同一種單疏本，而其注文分屬於不同系統。八行本的注文與經注本《孟子章句》較爲接近，十行本的注文另有來歷。《文獻通考·經籍考》著録唐人陸善經注《孟子》七卷，云：『《崇文總目》：善經，唐人。以軻書初爲七篇，删去趙岐《章指》與其注之繁重者，復爲七篇云。』這説明至少在唐代，就已出現多種《孟子》經注本（或繁或簡、有無《章指》），宋人合刊注疏，其經注本各取其一，是完全可能的（詳見王耐剛《試論八行本〈孟子注疏解經〉的校勘價值》）。

元明以降，《孟子注疏》的雕版均以十行本爲宗，未見直接翻刻八行本者，但國圖所藏明吴氏叢書堂鈔本《孟子注疏解經》十四卷是據刊行時間較早的宋代原刻八行本鈔成。李峻岫通過校勘發現：現存八行本爲宋刻元明遞修本，板片修補過程中多因誤描、臆補而新增訛誤。八行本原刻葉面的誤字，吴氏鈔本悉與之同，而補板修板葉面新增的誤字，吴氏鈔本均不誤，所以這個鈔本較完整地保存了宋代原刻的面目，具有獨特的文獻價值。另外，清乾隆武英殿刻《孟子注疏解經》雖然以明萬曆北監本爲底本，屬於十行本系統，但其校改處多與八行本相合，應該也曾參校八行本。

十行本在明清時期依次衍生出明嘉靖閩刻本、萬曆北監本、崇禎汲古閣本及清乾隆武英殿本。至清嘉慶年間，阮元主持校刻《十三經注疏》，其《孟子注疏》復以元刻明修十行本爲底本，以期追溯十行本之源頭，儘管未能利用時代更早、錯訛更少的宋刻八行本，是一大遺憾，但其搜羅經注本頗爲完備，包括何焯所校宋丹桂堂巾箱本、岳氏荊溪家塾刻本、何煌所校元盱郡覆刻廖瑩中世綵堂本、清乾隆三十八年（一七七三）孔繼涵刻本、乾隆四十六年（一七八一）韓岱雲刻本及《七經孟子考文補遺》所引古本、足利本，故經注校勘之成績明顯勝過疏文校勘（《孟子注疏校勘記》兩千餘條校記中，經注校記的比重超過七成），又有段玉裁這樣的高人親自參與《校勘記》的撰寫按斷工作，所以阮刻《孟子注疏》實可謂十行本系統中的翹楚，今人論證八行本的文獻價值，往往取阮刻對校，也反映出阮刻自身的代表性。

《孟子注疏》早在金世宗大定年間（一一六一——一一八九）就由國子監校刊，授諸學校，躋身官學行列，直到清乾隆時武英殿校刻《注疏》時仍跋云：『宋孫奭作疏，與趙氏注相發明，援引經傳，原委畢該，其羽翼之功不下趙氏矣。』數百年來，這部真僞參半的《注疏》始終在官方認可的經學原典中佔有一席之地，其影響及價值並不因疏文作者身份的疑竇而受損。今天以這部嘉慶原本《孟子注疏解經》作爲影印阮刻《十三經注疏》叢書的終點，也恰好呼應了《孟子》最晚加入經書序列的史實。二〇〇九年十月，筆者還在網絡上感歎大陸鮮見《十三經注疏》的優質影印本，不便於青年研究經學，孰料十二年後，《十三經注疏》各類版本的影印本已指不勝屈，今日讀經，再不能以無書可用爲托詞了。這套浙江大學出版社與傳古樓合作推出的阮刻《十三經注疏》是研讀諸經注疏的上佳選擇，願與同好勠力事之。

二〇二一年十月八日 蔣鵬翔撰於湖南大學嶽麓書院

全書目録

第四册

本册目録

重栞宋本孟子
注疏附校勘記

嘉慶二十年江西南昌府學開雕

太子少保江西巡撫兼提督揚州阮元審定　武寧縣貢生盧宣旬校

孟子正義序

朝散大夫尚書兵部郎中充龍圖閣待制知通進銀臺司兼門下封駮事兼判國子監上護軍賜紫金魚袋臣孫奭撰

夫總羣聖之道者莫大乎六經紹六經之教者莫尚乎孟子自昔仲尼既沒戰國初興至化陵遲異端竝作儀衍肆其詭辯楊墨飾其淫辭遂致王公納其謀以紛亂於上

學者循其踵以蔽惑於下猶洚水懷山時盡昏墊繁蕪塞路孰可芟夷惟孟子挺名世之才秉先覺之志拔邪樹正高行厲辭導王化之源以救時弊開聖人之道以斷羣疑其言精而贍其旨淵而通致仲尼之教獨尊於千古非聖賢之倫安能至於此乎其書由炎漢之後

盛傳於世爲之注者則有趙岐陸善經爲之音。則有張鎰丁公著自陸善經已降其所訓説雖小有異同而共宗趙氏。惟是音釋。二家撰録俱未精當張氏則徒分章句漏落。頗多丁氏則稍識指歸僞謬時有若非再加刊正詎可通行臣奭前奉

勑與同判國子監王旭國子監直講馬龜符國子學說書吳易直馮元等作音義二卷已經

進呈今輒罄淺聞隨趙氏所說仰效先儒釋經爲之正義凡理有所滯事有所遺質諸經訓與之增明雖仰測至言莫窮於奧妙而廣傳博識更俟於發揮謹上

欽定四庫全書總目孟子正義十四卷

漢趙岐注其疏則舊本題宋孫奭撰岐字邠卿京兆長陵人初名嘉字臺卿永興二年辟司空掾遷皮氏長延熹元年中常侍唐衡兄玹爲京兆尹與岐夙隙岐避禍逃避四方乃自改名字後遇赦得出拜幷州刺史又遭黨錮十餘歲中平元年徵拜議郎舉燉煌太守後遷太僕終太常事蹟具後漢書本傳奭字宗古博平人太宗端拱中九經及第仁宗時官至兵部侍郎龍圖閣學士事蹟具宋史本

傳是注卽岐避難北海時在孫賓家夾柱中所作漢儒注經多明訓詁名物惟此注箋釋文句乃似後世之口義與古學稍殊然孔安國馬融鄭元之注論語今載於何晏集解者體亦如是蓋易書文皆最古非通其訓詁則不明詩禮語皆徵實非明其名物亦不解論語孟子詞旨顯明惟闡其義理而止所謂言各有當也其中如謂宰予子貢有若緣孔子聖德高美而盛稱之孟子知其太過故貶謂之汙下之類紕繆殊甚以屈原憔悴爲徵於

色以甯戚叩角爲發於聲之類亦比擬不倫然朱子作孟子集注或問於岐說不甚掊擊至於書中人名惟盆成括告子不從其學於孟子之說季孫子叔不從其二弟子之說餘皆從之書中字義惟折枝訓按摩之類不取其說餘亦多取之蓋其說雖不及後來之精密而開闢荒蕪俾後來得循途而深造其功要不可泯也胡爌拾遺錄據李善文選注引孟子曰墨子兼愛摩頂致於踵趙岐曰致至也知今本經文及注均與唐本不同今證以

孫奭音義所音岐注亦多不相應（語詳孟子音義條下）蓋已非舊本至於盡心下篇夫子之設科也注稱孟子曰夫我設教授之科云云則顯爲予字今本乃作夫子又萬子曰句注稱萬子萬章也則顯爲子字今本乃作萬章是又注文未改而經文誤刊者矣其疏雖稱孫奭作而朱子語錄則謂邵武士人假託蔡季通識其人今考宋史邢昺傳稱昺於咸平二年受詔與杜鎬舒雅孫奭李慕清崔偓佺等校定周禮儀禮公羊穀梁春秋傳孝經論語爾雅

義疏不云有孟子正義涑水紀聞載奭所定著有論語孝經爾雅正義亦不聞有孟子正義其不出奭手確然可信其疏皆敷衍語氣如鄉塾講章故朱子語錄謂其全不似疏體不曾解出名物制度只繞纏趙岐之說至岐注好用古事爲比疏多不得其根據如注謂非禮之禮若陳質娶妻而長拜之非義之義若藉交報讎此誠不得其出典案藉交報讎似謂藉交游之力以報讎如朱家郭解非有人姓藉名交也疑不能明謹附識於此至於單豹養其內而虎食其外事出莊子亦不能舉

則弇陋太甚朱彝尊經義考摘其欲見西施者人輸金錢一文事詭稱史記今考注以尾生爲不虞之譽以陳不瞻爲求全之毁疏亦竝稱史記尾生事實見莊子陳不瞻事實見說苑案說苑作陳不占蓋古字同音假借皆史記所無如斯之類益影撰無稽矣以久列學官姑仍舊本錄之爾

孟子注疏題辭解

題辭解〔疏〕正義曰：案史記云孟軻受業子思門人，道既通，所干者不合，退與萬章之徒序詩書，述仲尼之意，作孟子七篇。至嬴秦焚書坑儒，孟子之徒黨自是盡矣。其七篇書號爲諸子，故篇籍得不泯絕。漢興，高皇未遑庠序之事，孝惠雖除挾書之律，然而公卿皆武力功臣，亦莫以爲意。及孝文皇帝廣遊學之路，天下衆書往往稍出，由是論語、孟子、孝經、爾雅皆置博士。當時乃有劉歆九種孟子凡十一篇。炎漢之後盛傳於世，爲之注者，西京趙岐出焉，至于李唐又有陸善經出焉。自陸善經已降，其所訓說雖小有異同，而咸歸宗於趙氏。隋志云趙岐注孟子十四卷，又有鄭玄注孟子七卷，在梁時又有綦毋邃孟子九卷。唐書藝文志又云孟子注凡四家，有三十五卷。至于皇朝崇文總目，孟子獨存趙岐注十四卷，唐陸善經注孟子七卷，凡二家二十一卷。今校定仍據趙注爲本，今以爲主。題辭者，趙岐謂此書孟子之所作，所以題號孟子之書，其題辭爲孟子而作，故曰孟子題辭。

孟子題辭者，所以題號孟子之書本末指義文辭之表也。〔疏〕孟子至表也○正義曰：此

敘孟子題辭爲孟子書之序也張鎰釋云孟子題辭即序也趙注尚異故不謂之序而謂之題辭

孟姓也

疏 正義曰此敘孟氏之所自也案魯史桓公之後桓公適子莊公爲君庶子公子慶父公子叔牙公子季友仲孫是慶父之後叔孫是叔牙之後季孫是季友之後其後子孫皆以仲叔季爲氏至仲孫氏後世改仲曰孟又云孟庶長之稱也言已是庶不敢與莊公爲伯仲叔季之次故取庶長爲始也又定公六年有仲孫何忌如晉左傳即曰孟懿子往是孟氏爲仲孫氏之後改孟也

子者男子之通稱也

疏 正義曰此敘凡稱子之例也案經傳凡敵者相謂皆言吾子或直言子稱師亦曰子是子者男子有德之通稱也公羊傳云子沈子曰何休云沈子稱子冠氏上者著其爲師也不但言子曰者辟孔子也然則後人稱先師則以子冠氏上所以明其爲師也如子公羊子子沈子之類是也凡書傳直言子曰者皆指孔子以其師範來世人盡知之故不必言氏也孟軻有德亦足以師範來世宜其以氏冠子使後人知之非獨云有孔子又有孟子稱爲子焉

此書孟子之所作也故總謂之孟子

疏 正義曰此敘孟子所作此書故總名號爲孟子也唐林慎思續孟子書二

卷以謂孟子七篇非軻自著乃弟子共記其言韓愈亦云孟軻之書非軻自著軻既沒其徒萬章公孫丑相與記軻所言焉爾今趙氏爲孟子之所作故揔謂之孟子者蓋亦有由爾**其篇目則各自有名**〔疏〕正義曰此敘孟子七篇各有名目也故梁惠王公孫丑滕文公離婁萬章告子盡心是也**孟子鄒人也名軻字則未聞也鄒本春秋邾子之國至孟子時改曰鄒矣國近魯後爲魯所并又言邾爲楚所并非魯也今鄒縣是也**〔疏〕正義曰此敘孟子姓字及所居之國也案史記列傳云孟軻鄒人也不紀其字故趙氏云字則未聞焉後世或云字子輿云鄒本春秋邾子之國至是也者案春秋隱公元年書公及邾儀父盟于蔑杜注云邾今魯國鄒縣是也儀父事齊桓以獎王室王命以爲邾子說文云鄒孔子鄉也一云鄒魯附庸之國云國近魯者案左傳哀公七年公伐邾及范門猶聞鍾聲又曰魯擊柝聞於邾杜注云范門邾郭門也是爲魯所并云爲楚所并者案史記云魯頃公二十四年楚考烈王伐滅魯是又爲楚所并

或曰孟子魯公族孟孫之後故孟子仕於齊喪母而歸葬於魯也三桓子孫既以衰微分適他國〔疏〕或曰至他國○正義曰此敘孟子爲魯公族孟孫之後也其說在孟姓之段云仕於齊葬於魯者公孫丑篇之文也春秋定公六年季孫斯仲孫何忌如晉十年叔孫仇如齊哀公二十七年公患三桓之後欲以諸侯去之杜預云欲求諸侯以逐三桓後至魯頃公時魯遂絶祀由是三桓子孫衰微

孟子生有淑質夙喪其父幼被慈母三遷之教長師孔子之孫子思治儒述之道通五經尤長於詩書〔疏〕孟子至詩書○正義曰此敘孟子自幼至長之事也案史列女傳云孟軻母其舍近墓孟子少嬉遊爲墓間之事孟母曰此非吾所以處子也乃去舍市傍其嬉戲乃賈人衒賣之事又曰此非吾所以處子也復徙舍學宮之傍其嬉戲乃設俎豆揖遜進退孟母曰此真可以居吾子矣遂居焉及孟子既學而歸孟母問學所至孟子自若也孟母以

刀斷機曰子廢學若吾斷機孟子懼旦夕勤學不息師子思遂成名儒又案史記云孟軻受業於子思之門人道既通所干不合退與萬章之徒敘詩書故趙氏云尤長於詩書

周衰之末戰國縱橫用兵爭強以相侵奪當世取士務先權謀以爲上賢先王大道陵遲隳廢異端並起若楊朱墨翟放蕩之言以干時惑衆者非一孟子閔悼堯舜湯文周孔之業將遂湮微正塗壅底仁義荒怠佞僞馳騁紅紫亂朱

疏 周衰之末至亂朱○正義曰此敘周衰戰國縱橫之時大道陵遲也案太史公曰秦紀至犬戎敗幽王周東遷洛邑秦襄公始封爲諸侯作西時用事上帝於是僭端見矣自後陪臣執政大夫世祿六卿分晉及田常弑簡公而相齊國諸侯晏然不討海內爭於戰攻於是六國盛焉其務在強兵并敵謀詐用而縱橫長短之說起故秦用商君富國強兵楚魏用吳起戰勝弱敵齊威宣王用

孫子田忌之徒而諸侯東面朝齊天下於是方務於合縱連横以攻伐爲賢而楊朱墨翟以兼愛自爲以害仁義孟軻乃述唐虞三代之德退敘詩書述孔子之意當此之時念非孟子有哀憫之心則堯舜湯文周孔之業將遂沉小而正道鬱塞仁義荒怠佞僞並行紅紫亂朱矣楊雄云古者楊墨塞路孟子辭而闢之云湮微者湮沉也微小也云壅底者言正道鬱塞而不明也云仁義荒蕪者釋名曰仁忍也好生惡殺善惡含忍也義宜也裁制事物使合宜也莊子云愛仁利物之謂仁楊子云事得其宜謂之義尚書云無怠無荒孔注云迷亂曰荒怠懈怠也云佞僞馳騁者論語云仁而不佞孔云佞口辭捷給爲人所憎惡者說文云僞詐也馳騁奔走云紅紫亂朱者論語云惡紫之奪朱也孔注云朱正色紫間色案皇氏云青赤黄白黑五方正色也不正謂五方間色緑紅碧紫騮黄是也青是東方正緑是東方間東爲木木色青木尅土土色黄並以所尅爲間故緑色青黄也朱是南方正紅是南方間南爲火火色赤火尅金金色白故紅色赤白也白是西方正碧是西方間西爲金金色白金尅木故碧色青白也黑是北方正紫是北方間北方水水色黑水尅火火色赤故紫色赤黑也黄是中央正騮黄是中央間中央土土色黄土尅水水色黑故騮黄色黄黑也是正間然

於是則

慕仲尼周流憂世遂以儒道遊於諸侯思濟斯民然由不肯枉尺直尋時君咸謂之迂闊於事終莫能聽納其說【疏】於是至其說○正義曰此敘孟子周流聘世時君不聽納其說也言孟子心慕孔子徧憂其世遂以儒家仁義之道歷遊諸侯之國思欲救濟天下之民然而諸侯不能尊敬之者孟子亦且不見也雖召之而不往以其不肯枉尺以直尋十寸曰尺八尺曰尋史記云孟子道既通遊事齊齊宣王不能用適梁梁惠王不果所言是皆以爲迂遠而闊於事情而莫有能聽納其說者孟子亦自知遭蒼姬之訖録值炎劉之未奮進不得佐興唐虞雍熙之和退不能信三代之餘風恥没世而無聞焉是故垂憲言以詒後人仲尼有云我欲託之空言不如載之行事之深切著

明也【疏】孟子至著明也○正義曰此敘孟子自知道不行於世恥没世無名聞故慕仲尼託之空言而載之行事也言孟子生於六國之時當衰周末又遇漢之未興上不得輔起唐虞二世之治下不能仲夏商周三代之風化自愧没一世而無名聞所以垂法言以貺後人故託慕仲尼周流憂世既不遇乃退而與萬章之徒敘詩書而作此七篇也趙氏意其然乃引孔子之言而明孟子載七篇之意也云蒼姬者周以木德王故號爲蒼姬姬周姓也云炎劉者漢以火德王故號爲炎劉劉高祖之姓氏也

於是退而論集所與高第弟子公孫丑萬章之徒難疑荅問又自撰其法度之言著書七篇二百六十一章三萬四千六百八十五字包羅天地揆敘萬類仁義道德性命禍福粲然靡所不載【疏】於是至不載○正義曰此敘孟子退而著述篇章之數也史記云孟子所干者不合退而與萬章之徒敘詩書述仲尼之意作孟子七篇云二百六十一

章者合七篇之章數言也據趙氏分章則梁惠王篇凡二十有三章公孫丑篇凡二十有三章滕文公篇凡十有五章離婁篇凡六十一章萬章篇凡十有八章告子篇凡三十有六章盡心篇凡八十有四章揔而計之是二百六十一章也云三萬四千六百八十五字者合七篇而言也今計梁惠王篇凡五千三百三十三字公孫丑篇凡五千一百二十字滕文公篇凡四千五百三十三字離婁篇凡四千二百八十五字萬章篇凡五千一百二十字告子篇凡五千五百三十五字盡心篇凡四千一百五十九字揔而計之是三萬四千六百八十五字也云包羅天地至靡所不載者言此七篇之書大而至於天地微而至於昆蟲草木又次而至於性命禍福無有不載者也然而篇所以七者蓋天以七紀璇璣運度七政分離聖以布曜故法之也章所以二百六十一者三時之日數也不敢比易當期之數故取於三時三時者成歲之要時故法之也三萬四千六百八十五字者可以行五常帝王之道施七政之紀故法五七之數而不敢盈也已

公侯遵之則可以致隆平頌清廟卿大夫士蹈之則可以尊君父立忠信守志厲操者儀

之則可以崇高節抗浮雲疏帝王至浮雲○正義曰此敘孟子之七篇書爲要者也言上而帝王遵循之則可以興升平之治次而公侯遵循之則可以頌清廟云頌清廟者言公侯可以此助祭于天子之廟也詩有清廟之篇以祀文王注云天德清明文王象焉故祭而歌此詩也箋云諸侯有光明著見之德者來助祭也卿大夫士蹈之則可以尊敬君父主其忠信守志厲操者儀而法之則可以此崇其高節而抗富貴如浮雲云帝王公侯卿大夫士者蓋帝以德言王以業言卿有諸侯之卿有大夫之卿士有中士有下士公侯是周之爵所謂公侯伯子男凡有五等是也自帝王以下言之則有公侯自公侯以下則有卿自卿以下則有大夫自大夫以下則止於有士也

有風人之託物二雅之正言可謂直而不倨曲而不屈命世亞聖之大才者也疏有風至者也○正義曰此敘孟子七篇有風人二雅之言爲亞聖者也如對惠王欲以與民同樂故以文王靈臺靈沼爲言對宣王欲以好貨色與百姓同之故以太王厥妃爲言論仁則託以穀爲喻論性則託以牛山之木爲喻是皆有風人之託物言也云二雅

之正言者如引他人有心予忖度之乃積乃倉古公亶父來朝走馬不失其馳舍矢如破凡此之類是皆有二雅之正言也故可謂直其辭而且不失之倨傲曲其辭而且不失之屈枉而孟子誠爲間世亞聖之大才者也言孟子之才比於上聖人之才但相王天而已故謂亞聖大才

孔子自衛反魯然後樂正雅頌各得其所乃刪詩定書繫周易作春秋

疏 孔子至春秋○正義曰此敘引孔子退而著述之意也案定公十四年孔子去魯應聘諸國哀公十一年自衛反魯是時道衰樂廢孔子來還乃正之又哀公十一年左傳云冬衛孔文子將攻太叔訪於仲尼仲尼曰胡簋之事則嘗學之甲兵之事未之聞也退命駕而行曰鳥則擇木木豈能擇鳥文子遽止之曰圉豈敢度其私訪衛國之難也將止魯人以幣召之乃歸杜預曰於是自衛反魯然後樂正雅頌各得其所是也云乃刪詩定書繫周易作春秋者案世家云魯定公五年季氏僭公室陪臣執國命是以魯大夫以下皆僭離於正道故孔子不仕退而修詩書禮樂弟子彌衆至自遠方莫不受業焉至哀十一年自衛反魯乃上采契后稷中述商周之盛至幽厲之缺凡三百五篇孔子皆弦歌之以求合韶武雅頌

之音禮樂自此可得而述以備王道成六藝孔子晚喜易序彖繫象說卦孔子以詩書禮樂教弟子蓋三千焉哀十四年春狩大野仲尼視之曰麟也取之曰吾道窮矣乃因史記作春秋上至隱公下訖哀十四年十二公據魯親周故商運之三代約其文辭而指博故曰後世知丘者其惟春秋罪丘者亦惟春秋

孟子退自齊梁述堯舜之道而著作焉此大賢擬聖而作者也

【疏】孟子至者也○正義曰此敘孟子退而擬孔子之聖而著述焉案馬遷作列傳云孟子遊仕齊宣王宣王不能用適梁梁惠王不果所言是以退而敘詩書述仲尼之意而作孟子七篇也

七十子之疇會集夫子所言以爲論語論語者五經之錧鎋六藝之喉衿也

【疏】七十子至衿也○正義曰此敘引孔子弟子記諸善言而爲論語也案漢書藝文志云論語者孔子應荅弟子時人及弟子相與言而接聞於夫子之語也當時弟子各有所記夫子既卒門人相與集而論纂故謂之論語鄭注云仲弓子游子夏等撰述論者綸也以此書可以經綸世務故曰論也語者鄭注周

禮云荅述曰語此書所載皆仲尼荅弟子及時人之辭故曰語而在論字下錧鎋者車軸頭鐵也說文云車鍵也喉衿者說文云喉咽也衿衣領也言論語爲五經六藝之要如此錧鎋與夫喉衿也

孟子之書則而象之【疏】正義曰此敘孟子作此七篇之書而儀象論語之書是亦錧鎋喉衿

衞靈公問陳於孔子孔子荅以俎豆梁惠王問利國孟子對以仁義宋桓魋欲害孔子孔子稱天生德於予魯臧倉毀鬲孟子孟子曰臧氏之子焉能使予不遇哉旨意合同若此者衆【疏】衞靈公至遇哉○正義曰此敘孟子作七篇則象論語之旨意也衞靈公問陳於孔子孔子對曰俎豆之事此論語之文也案左傳哀公十一年云云在孔子自衞反魯段云俎豆者案明堂位云俎有虞氏以梡夏后氏以嶡商以椇周以房俎鄭注云梡斷木爲四足而已嶡之言蹷也謂中足爲橫距之象周禮謂之距椇之言枳椇也謂曲橈之也謂足下跗也上下兩

間有似於堂房魯頌曰籩豆大房又曰夏氏以楬豆商玉豆周獻豆鄭注云楬無異物之飾也獻疏刻之齊人謂無髮爲禿楬其委曲制度備在禮圖梁惠王問利國孟子對以仁義説在梁惠王篇宋桓魋欲害孔子孔子稱天生德於予是亦論語之文也案世家孔子適宋與弟子習禮大樹下宋司馬桓魋欲殺孔子拔其樹孔子去弟子曰可速矣故孔子發此語言天生德於予者言孔子謂天授我以德性德合天地吉無不利桓魋必不能害我故曰其如予何云魯臧倉毁鬲孟子孟子曰臧氏之子焉能使予不遇哉者説在惠王下篇凡此者是皆言意合若此類者甚衆故不特止此而已　又有外書四篇性善辯文説孝經爲正其文不能弘深不與内篇相似似非孟子本真後世依放而託之者也【疏】正義曰凡此外書四篇趙岐不尚以故非之漢中劉歆九種孟子有十一卷時合此四篇孟子既没之後大道遂絀逮至亾秦焚滅經術坑戮儒生孟子徒黨盡矣其書號爲

諸子故篇籍得不泯絶〔疏〕孟子至泯絶○正義曰此敘孟子之書得其傳也蓋孟子生於六國之時憫道之不行遂著述作七篇之書既没之後先王之大道遂絀而不明于世至嬴秦并六國號爲秦始皇帝因李斯之言遂焚書坑儒自是孟子徒黨盡矣秦紀云秦皇三十四年丞相李斯曰五帝不相復三代不相襲今陛下創大業是萬世之功固非愚儒所知且越言三代之事臣請史官非秦紀皆燒之非博士官所職天下敢有藏詩書百家語者悉詣守尉雜燒之所不去者惟有醫卜種蓺之書故孟子之書號爲諸子以故篇籍不亾而得傳於世

漢興除秦虐禁開延道德孝文皇帝欲廣遊學之路論語孝經孟子爾雅皆置博士後罷傳記博士獨立五經而已訖今諸經通義得引孟子以明事謂之博文〔疏〕漢興至博文○正義曰此敘孟子之書自漢而行也案漢書云高皇帝誅項羽引兵圍魯魯中諸儒尚講習禮弦歌之音不絶豈非聖人遺化好學之國哉於是喟

然興於學然尚有干戈平定四海亦未遑庠序之事至孝惠乃除挾書之律然公卿皆武力功臣莫以爲意至孝文始使掌故晁錯從伏生受尚書尚書出于屋壁詩始萌芽天下衆書往往頗出猶廣立於學官爲置博士由是論語孟子孝經爾雅皆置博士及後罷傳記博士以至于後漢惟有五經博士博士秦官掌通古今秩比六百石員多至數十人漢武建元五年初置五經博士宣帝黄龍九年增員二十人自是之後五經獨有博士訖於西京趙岐之際凡諸經通義皆得引孟子以明事故謂之博文也

孟子長於譬喻辭不迫切而意以獨至其言曰說詩者不以文害辭不以辭害志以意逆志爲得之矣斯言殆欲使後人深求其意以解其文不但施於說詩也今諸解者往往撫取而說之其說又多乖異不同

〔疏〕正義曰此敘孟子作七篇之書長於譬喻其文辭不至迫切而趙岐遂引孟子說詩之言亦欲使後人知之但深求其意

義其言不特止於說詩也然今之解者摭取而說之其說又多乖異而不同矣孟子以來五百餘載傳之者亦已衆多〔疏〕正義曰此言孟子七篇之書自孟子既没之後至西京趙岐已五百有餘年傳七篇之書解者亦甚衆多也余生西京世尋丕祚有自來矣少蒙義方訓涉典文知命之際嬰戚于天遘屯離蹇詭姓遁身經營八紘之内十有餘年心勦形瘵何勤如焉嘗息肩弛擔於濟岱之間或有温故知新雅德君子矜我劬瘁睠我皓首訪論稽古慰以大道余困吝之中精神遐漂靡所濟集聊欲係志於翰墨得以亂思遺老也惟六籍之學先覺之士釋

而辯之者既已詳矣儒家惟有孟子閎遠微妙縕奧難見宜在條理之科於是乃述已所聞證以經傳爲之章句具載本文章别其旨分爲上下凡十四卷究而言之不敢以當達者施於新學可以寤疑辯惑愚亦未能審於是非後之明者見其違闕儻改而正諸不亦宜乎

〔疏〕余生至不亦宜乎○正義曰此是趙岐自敘已意而爲孟子解也言我生自西漢之京若以世代根尋其祚其先與秦共祖皆顓帝之裔孫也其後子孫造父爲穆王攻徐偃王大破之以功封趙城後因氏焉故其來端有自矣在幼少蒙義方教訓之以先王典籍及五十之歲間乃零丁嬰戚于天是其時遇迍邅之險難遂詭詐其姓氏迍遁其身經營治身於八紘之內至十餘年心神形色莫不焦瘁疲瘵謂何勤如此之甚曾困息肩強負擔於濟岱之地

或有溫故君子有雅德者憐我勤苦焦瘁見我頭白遂訪我談論以稽考古人仍慰我以大道然於困咨之中其精神亦且遐漂未有歸定聊欲係志於筆墨以亂思遺老也思其六經皆得先覺之賢士釋而辯論之亦已甚詳於儒家獨有孟子七篇之書其理蘊奧深妙難造宜在於聖智條理之科於是乃申述已之間見驗以六經之傳斷爲章句具載本文章章別爲意言分七篇作上下篇爲十四卷究極而言雖不敢當於達士然於初學者資之亦可以曉悟其疑惑其有是非得失愚亦未敢審實後之有明哲者如見其違理疑闕者改而正之是其宜也疏云爲之章句分爲上下凡十四卷者各於卷下有說此更不言疏丁公著案漢書趙岐本傳云趙岐字邠卿京兆長陵人也嘗遇疾甚誡其子曰吾死之後置一圓石安墓前刻曰漢有逸人姓趙名岐有志無時後疾瘳仕至大僕卿嘗仕州郡以廉直疾惡見憚焉

孟子注疏解經卷第一上

孫奭疏

梁惠王章句上凡七章

趙氏注 梁惠王者，魏惠王也。魏，國名。惠，謚也。王，號也。時天下有七王，皆僭號者，猶春秋之時吳、楚之君稱王也。魏惠王居於大梁，故號曰梁王。聖人及大賢有道德者，王公侯伯及卿大夫咸願以爲師。孔子時，諸侯問疑質禮，若弟子之問師也。魯、衛之君，皆專事焉，故論語或以弟子名篇，而有衛靈公、季氏之篇。孟子亦以大儒爲諸侯師，是以梁惠王、滕文公題篇，以公孫丑等而爲之一例者也。

疏 梁惠王章句上○正義曰：自此至盡心，是孟子七篇之目及次第也。摠而言之，則孟子爲此書之大名，梁惠以下爲當篇之小目。其次第蓋以聖王之盛，唯有堯舜，堯舜之道，仁義爲首，故以梁惠王問利國，對以仁義，爲七篇之首也。此篇凡二十三章，趙氏分爲上下卷，此上卷只有七章：一章言治國以仁義爲名；二章言聖王之德與民共樂，恩及禽獸；三章言王化之本在於使民養生喪死之用足備；四章言王者爲政之道，生民爲首；五章言百里行仁，天下歸之；六章言定天下者一道而已不貪殺人者人則歸之七章言典籍攸載帝王之道無傳霸之事其餘十六章分在下卷各有言說大抵皆是君國之要務故述爲篇章之先凡此二十三章既以梁惠王問利國爲章首遂以梁惠王爲篇名公孫丑以下諸篇所以次當篇之下各有所說云章句者章文之成也句者辭之絕也又言章者明也總義包體所以明情者也句必聯字而言句者局也聯字分疆所以局言者也○注云梁惠王例者也○正義曰案史記世家云魏之先畢公高之後也武王伐紂而高封於畢是爲畢姓其後絕封爲庶人或在夷狄其裔曰畢萬事晉獻公獻公十六年以魏封畢萬爲大夫卜偃曰畢萬之後必大矣萬滿數也魏大名也畢萬封十一年獻公卒畢萬之世彌大從其國名爲魏氏生武子武子生悼悼生巍巍生魏獻子子生侈侈之孫曰魏桓子桓子孫曰文侯文侯卒子擊立爲武侯武侯卒子罃立爲惠王惠王二十一。齊趙共伐我邑於是徙都大梁然則梁惠王是武侯之子名罃謚曰惠謚法云愛人好與曰惠汲冢紀年云梁惠成王九年四月甲寅徙都大梁○字林云王者天地人一貫三爲王天下所法也是時天下有七王者魏趙韓秦齊楚燕七雄之王也云論語或以弟子名篇而有衛靈季氏之篇者如顔淵子路子張是弟子名篇也趙岐所以引而爲例孟子見梁惠王孟子適梁魏惠王禮請孟子見之王曰叟不遠千里而來亦將有以利吾國乎曰辭也叟長老之稱。猶父也孟子去齊老而之魏。王尊禮之曰父不遠千里之路而來。此亦將有。以爲寡人興利除害者乎孟子對曰王何必曰利亦有仁義而已矣孟子知王欲以富國強兵爲利故曰王何。以利爲名乎亦。有仁義之道。可以爲名以利爲名則有不利之患矣因爲王陳之王曰何以利吾國大夫曰何以利吾家士庶人曰何以利吾身上下交征利而國危矣征取也從王至庶人故言上下交爭各欲利其身必至於篡弒則國危。矣論語曰放於利而行多怨故不欲使王以利爲名也又言交爲俱也萬乘之國弒其君者必千乘之家萬乘兵車萬乘謂天子也千乘諸侯也夷羿之弒夏后是以千乘取其萬乘者也千乘之國弒其君者必百乘之家天子建國諸侯立家百乘之家謂大國之卿食采邑有兵車百乘之賦者也若齊崔衛甯晉六卿等是以其終亦皆弑君。此以百乘取千乘也上下。乘當言國而言家者諸侯以國爲家亦以避萬乘稱故稱家君臣上下之辭

萬取千焉千取百焉不爲不多矣周制君十卿祿君食萬鍾臣食千鍾亦多故不爲不多矣苟爲後義而先利不奪不饜苟誠也誠令大臣皆後仁義而先自利則不篡奪君位不足自饜飽其欲矣未有仁而遺其親者也未有義而後其君者也仁者親親義者尊尊人無行仁而遺棄其親也無行義而忽後其君長王亦曰仁義而已矣何必曰利孟子復申此者重嘆其禍也

【疏】孟子見梁惠王至何必曰利。○正義曰此章言治國之道當以仁義爲名也孟子見梁惠王者是孟子自齊至梁見惠王也王曰叟不遠千里而來亦將有以利吾國乎者王號也以業爲言也曰發語詞也叟尊老之稱也言惠王尊老孟子也惠王尊孟子曰叟不遠千里之路而至此相將亦有以利益我國乎云亦與乎者況外物不可必又非可止於一事耳故云亦乎與論語云不亦說乎不亦樂乎同孟子對曰

王何必曰利亦有仁義而已矣者是孟子荅惠王也言王何必特止曰則利我亦有仁義之道以利益而已上利以財利爲言下利以利益爲言王曰何以利吾國大夫曰何以利吾家士庶人曰何以利吾身上下交征利而國危矣者是孟子託言也言惠王今問我曰何以利益我國則爲王之大夫必問我曰何以利益我家爲大夫既欲利益其家則爲王之士庶人亦必問我曰何以利益我身假使上至下至於士庶人皆且取其利益而國必危亂喪亡矣王以國爲問大夫以家爲問士庶人以身爲問者王稱國故以國問大夫稱家故以家問士庶人無稱故以身問而已萬乘之國弑其君者必千乘之家千乘之國弑其君者必百乘之家者孟子言上下交取其利而國喪亡者是萬乘之國弑其君者必千乘之家所弑也無它焉則千乘之家欲以萬乘之利爲多也千乘之國弑其君者必百乘之家所弑也亦無它焉是百乘之家欲以千乘之利爲多也云弑者自下殺上謂之弑萬取千焉千取百焉不爲不多者孟子言凡欲天子之萬乘者且於其內取千乘而爲天子之諸侯欲諸侯之千乘者且於其內但取百乘而爲之大夫是亦不爲少矣何必交相爭奪慕多爲勝耶苟爲後義而先利不奪不饜者孟子言且令臣庶皆後去其仁義而先且以自利則不交相殺奪故不足自飽饜言必殺

奪如千乘奪取萬乘百乘奪取千乘然後爲饜足也未有仁而遺其親者也未有義而後其君者也者孟子言未有心存乎仁而遺棄其親者亦未有存義而後去其君者王亦曰仁義而已矣何必曰利者孟子重嗟歎其禍故曰王今亦當曰亦有仁義而已矣何必特止言其利一說云是惠王悟孟子之言爲是而以已言爲非故亦應之曰仁義而已矣何必言利○注云孟子至見之○正義曰案魏世家云惠王三十五年惠王以厚幣招賢者鄒衍淳于髡孟子皆至梁是也○注曰辭也至之魏○正義曰詞也從口乙聲亦象口氣出也劉熙曰叟長老之稱依皓首之言父矩也家長率教者云去齊之魏者案史記列傳云孟子事齊宣王宣王不能用乃適魏是也○注征取也至俱也○正義曰征正也蓋言君子至於利也非釋之而弗取也特不可交征而正取之爾猶季氏聚斂以弱魯趙孟貧之傾晉之類故也引論語曰放於利而行多怨者證其上下交征利而國危亡之意也孔○曰放依也每事依利而行取怨之道也云交俱也蓋云俱皆也○注萬乘至萬乘也○正義曰案司馬法云六尺爲步步百爲畝畝百爲夫夫三爲屋屋三爲井井十爲通通十爲成成方十里成十爲終終十爲同同方百里同十爲封封十爲畿畿方千里有稅有賦稅以足食賦以足兵一同百里提封萬井定出賦

六千四百井戎馬四百匹兵車百乘此卿大夫采地之大者也是謂百乘之家一封三百一十六里提封十萬井定出賦六萬四千井戎馬四千匹兵車千乘此諸侯之大者也是謂千乘之國天子畿方千里提封百萬井定出賦六十四萬井戎馬四萬匹兵車萬乘故稱萬乘之主云夷羿弑夏后者引之以語千乘取萬乘也案魯襄四年左傳曰昔有夏之方衰也后羿自鉏遷於窮石因夏民以代夏政杜預曰禹孫大康淫放失國夏人立其弟仲康仲康亦微弱仲康卒子相立羿遂代相號曰有窮後爲少康所滅注云夷羿者左傳襄四年杜注云夷氏也故云夷羿○注云齊崔衞甯晉六卿等○正義曰此引之以證百乘取千乘也齊崔崔杼爲齊之大夫語云崔子弑齊君襄公二十五年左傳云崔杼作亂是也衞甯甯喜也爲衞大夫史記世家衞獻公十八年甯惠子與孫文子逐獻公獻公奔齊齊置獻公於聚邑孫甯共立定公弟秋爲衞君是爲殤公殤公十二年爲晉平公所執獻公復入衞後元年誅甯喜又襄二十六年書甯喜弑其君剽是也六卿魏獻子與韓宣子趙簡子智文子中行氏子范獻子六人是也史記世表云昭公二十八年六卿誅公族分其邑各使其子爲大夫故也○注周制至不多矣○正義曰周制蓋言周之所制也王制云君十卿禄是也云鍾量名也晏子曰齊舊

四量豆區釜鍾四升爲豆四豆爲區四區爲釜釜十爲鍾是也○注苟誠也至欲矣○正義曰語云苟子之不欲苟能正其身之苟同云厭者說文云饜飽也字從厭從食也飽則厭食也此一章遂爲七篇之首章

孟子見梁惠王王立於沼上顧鴻鴈麋鹿曰賢者亦樂此乎沼池也王好廣苑囿大池沼與孟子遊觀乃顧視禽獸之衆多其心以爲娛樂誇咤孟子曰賢者亦樂此乎孟子對曰賢者而後樂此不賢者雖有此不樂也惟有賢者然後乃得樂此耳謂修堯舜之道國家安寧故得有此以爲樂也不賢之人亡國破家雖有此亦爲人所奪故不得以爲樂也詩云經始靈臺經之營之庶民攻之不日成之詩大雅靈臺之篇也言文王始初經營規度此臺衆民並來治作之而不與之相期日限自來成之經始勿亟庶民子來言文王不督促使之亟疾也衆民自來赴若子來爲父使之也王在靈囿麀鹿攸伏麀鹿濯濯

白鳥鶴鶴。麀鹿牝鹿也言文王在囿中麀鹿懷姙安其所而伏不驚動也獸肥飽則濯濯鳥肥飽則鶴鶴而澤好而已。王在靈沼於牣魚躍。文王在池沼魚乃跳躍喜樂言其德及鳥獸魚鼈也文王以民力爲臺爲沼而民歡樂之謂其臺曰靈臺謂其沼曰靈沼樂其有麋鹿魚鼈孟子謂王誦此詩因曰文王雖以民力築臺鑿池民由歡樂之謂其臺沼若神靈之所爲欲使其多禽獸以養文王者也古之人與民偕樂故能樂也偕俱也言古賢之君與民同樂故能得其樂湯誓曰時日害喪予及女皆亡。湯誓尚書篇名也時是也日乙卯日也害大也言桀爲無道百姓皆欲與湯共伐之湯臨士衆誓言是日桀當大喪亡我與女俱往亡之民欲與之皆亡雖有臺池鳥獸豈能獨樂哉孟子說詩書之義以感喻王言民欲與湯共亡桀雖有臺池禽獸何能獨樂之哉復申明上言不賢者雖有此不樂也

【疏】孟子見梁惠王至豈能獨

樂哉○正義曰此章言聖王之德與民共樂恩及鳥獸也孟子見梁惠王王立於沼上顧鴻鴈麋鹿者是孟子在梁時見惠王王立於沼之上而顧盼鴻鴈麋鹿之狀也曰賢者亦樂此乎者是惠王稱譽孟子爲賢者問孟子亦樂此池沼之上而顧盼鴻鴈麋鹿乎云乎意恐孟子樂與不樂所以云乎而作疑之之辭也孟子對曰賢者而後樂此不賢者雖有此不樂也者是孟子荅惠王言唯有德之賢者爲君然後得樂於此如君之不賢雖有此鴻鴈麋鹿之顧亦不得其樂也詩云經始靈臺經之營之庶民攻之不日成之經始勿亟庶民子來者王魚躍是孟子爲王誦此靈臺之詩以證賢者而後樂此也言文王規度始於靈臺而經營之之際衆民皆作治之故使臺不期日而有成言其成之速也既成之速文王未嘗亟疾使民成之用如此之速也是衆民自然若子來如爲父之使耳故如此之速也王在靈囿麀鹿攸伏麀鹿濯濯白鳥鶴鶴者言文王在靈囿之時麀鹿皆安其所而伏卧以懷其妊又且不驚動非特不驚動又且濯濯然而肥飽非特麀鹿之肥飽其於白鳥又且鶴鶴然而肥澤也麀鹿牝鹿也王在靈沼於物魚躍者言文王在靈沼之時則魚盈滿乎沼中又且跳躍喜樂如也言其魚之微物亦且得其所也文王以民力爲臺爲沼而民歡樂之謂其臺曰靈臺謂其沼曰靈沼樂其有麋

鹿魚鼈黿者是孟子至此又自言文王作臺沼之意而感喻于惠王也文王雖以民力爲其臺沼然而民皆喜樂而爲之如謂其臺沼則曰靈臺靈沼也以靈臺靈沼云者謂其文王之德化亦樂其有之行如神靈之所至故謂其臺沼必曰爲靈臺靈沼凡此者無他焉是衆民感文王之德化亦樂其有魚鼈禽獸之多以奉養文王也已古之人與民偕樂故能樂也者言古之賢君如此文王與民同其樂故能得此臺池之樂也湯誓曰時日害喪予及女皆亡者是孟子引商書謂桀於是時無道暴虐百姓故百姓皆欲與湯王共伐之湯於是往伐臨於衆中誥誓之曰是日桀當大滅我與女衆共往誅之一云時日害喪予及女皆亡者是桀云故湯誓引而言之也謂桀云天有是日猶吾之有民日曷有亡哉日亡則吾與民亦俱亡矣民欲與之皆亡雖有臺池鳥獸豈能獨樂哉者是孟子首對惠王曰不賢者雖有此不樂也故引此桀而證其言也言桀爲不賢之君民亦欲與湯共伐之雖有臺池鳥獸豈能得獨享其此樂哉言不能得樂也。注云詩大雅至成之也。正義曰周詩大雅篇名曰靈臺注云天子有靈臺者所以觀祲象察氣之妖祥也神之精明者稱曰靈四方而高曰臺文王受命于周作邑于豐立靈臺又案春秋傳曰公既視朔遂登觀臺以望而書雲物爲備。注言文王至使也。

正義曰案靈臺之詩箋云亟急也度始靈臺之基衆民各以子成父事而來攻之。注云麀鹿至澤好。正義曰毛氏注云麀鹿牝鹿也囿所以域養禽獸也天子百里諸侯四十里箋云攸所也言所遊伏毛注云濯濯娛遊也鶴鶴肥澤也。注文王至魚躍。正義曰詩注云沼池也牣滿也箋云靈沼之魚盈滿其中皆跳躍亦言得其所。注云湯誓至亡之。正義曰湯誓商書之篇名也案史記云是日何時喪予與女皆亡騶注曰尚書大傳云桀云天之有日猶吾之有民日有亡哉日亡則吾亦亡矣尚書孔安國注云比桀於日日是日何時喪我與女皆亡欲殺身以喪桀是也檀弓云子卯不樂鄭注云紂以甲子死桀以乙卯亡也

梁惠王曰寡人之於國也盡心焉耳矣王侯自稱孤寡言寡人於治國之政盡心欲利百姓焉耳者懇至之辭河內凶則移其民於河東移其粟於河內河東凶亦然言凶年以此救民也魏舊在河東後爲強國兼得河內也察鄰國之政無如寡人之用心者言鄰國之君用心憂民無如已也鄰國之民不加少寡

人之民不加多何也王自怪爲政有此惠而民人不增多於鄰國者何也孟子對曰王好戰請以戰喻因王好戰故以戰事喻解王意填然鼓之兵刃既接棄甲曳兵而走或百步而後止或五十步而後止以五十步笑百步則何如填鼓音也兵以鼓進以金退孟子問王曰今有戰者兵刃已交其負者棄甲曳兵而走五十步而止足以笑百步者否曰不可直不百步耳是亦走也王曰不足以相笑也是人俱走直爭不百步耳曰王如知此則無望民之多於鄰國也孟子曰王如知此不足以相笑王之政猶此也王雖有移民轉粟之善政其好戰殘民與鄰國同而獨望民之多何異於五十步笑百步者乎不違農時穀不可勝食也從此已下爲王陳王道也使民得三時務農不違奪其要時則五穀饒穰不可勝食數罟不入洿池魚鼈不可勝食也數罟密網也密細之

網所以捕小魚鼈也。故禁之不得用魚不滿尺不得食斧斤以時入山林材木不可勝用也時謂草木零落之時使材木茂暢故有餘穀與魚鼈不可勝食材木不可勝用是使民養生喪死無憾也憾恨也民所用者足故無恨養生喪死無憾王道之始也王道先得民心民心無恨故言王道之始五畝之宅樹之以桑五十者可以衣帛矣廬井邑居各二畝半以爲宅各入保城二畝半故爲五畝也樹桑墻下古者年五十乃衣帛矣。雞豚狗彘之畜無失其時七十者可以食肉矣言孕字不失時也七十不食肉不飽百畝之田勿奪其時數口之家可以無饑矣。一夫一婦耕耨百畝百畝之田不可以徭役奪其時功則家給人足農夫上中下所食多少各有差故總言數口之家也謹庠序之教申之以孝悌之義須白者不負戴於道路矣庠序者教化之宮也殷曰序周曰庠謹脩教化申重孝悌之義頒者班也頭半白。班班者也壯者代老心各安之故頒白者不負戴也。七十者衣帛食肉黎民不饑。不寒然而不王者未之有也言百姓老稚溫飽禮義脩行積之可以致王也孟子欲以風王何不行此可以王天下有率土之民何但望民多於鄰國狗彘食人食而不知檢塗有餓莩而不知發言人君但養犬彘使食人食。不知以法度檢斂也塗道也餓死者曰莩詩曰莩有梅莩零落也道路之旁有餓死者不知發倉廩以用賑救之也人死則曰非我也歲也是何異於刺人而殺之曰非我也兵也人死謂餓疫死者也王政使然而曰非我殺之歲殺之也此何以異於用兵殺人而曰非我也兵自殺之也王無罪歲斯天下之民至焉戒王無歸罪於歲責已而改行則天下之民皆可致也。

〔疏〕梁惠王曰至民至焉。○正義曰此章言王化之本在於使民養生喪死之用足備也王侯自稱曰寡惠王與孟子曰寡人之於國盡其心而爲民耳矣耳矣者言至極也言河内凶荒我則移徙民於河東之地河東粟多我則移之於河内河東之地凶荒我則又如此而移民故曰亦然也察鄰國之政無如寡人之用心者察詳視也言詳視鄰國之君無有似寡人如此之用心者然而鄰國之人民不加益其損寡人之人民不加益其多是如之何故曰鄰國之民不加少寡人之民不加多何也遂以此而問孟子孟子對曰王好戰請以戰喻是孟子荅惠王言惠王心好征戰故孟子請以戰事比喻而解王意填然鼓之兵刃既接棄甲曳兵而走或百步而後止或五十步而後止以五十步笑百步則何如者是孟子言戰事之語也填塞也又滿也趙氏云鼓音蓋言鼓音之充塞洋洋而盈滿也言鼓音既充塞盈滿於戰陣之際則兵刃刀鎗既以交接兵刃既交接乃棄去其甲曳散其兵而反走者或百步之間而止或五十步之間而止以五十步之間而止者則笑走至百步之間而止者則王以爲如何曰不可直不百步耳是亦走也惠王荅孟子言凡征戰之際鼓音既填然則不可棄去其甲曳散其兵而相笑走也雖有走或只止於五十步或有止於百步言其但自棄甲曳兵而反走者是雖止於五十步不至於百步然皆是走也豈可以五十步笑百步哉故

曰直不百步耳是亦走也曰王如知此則無望民之多於鄰國者是孟子荅惠王言惠王如能知此不可以五十步笑百步則王無更望其國民加多於鄰國也意謂王既好征戰而殘民而以轉粟移民爲盡心欲望民加多於鄰國是亦五十步笑百步之走者也不違農時穀不可勝食至不王未之有也者是皆孟子又爲王陳其王道也言使民無違奪其春耕夏耘秋收三時之要則五穀豐盛饒穰雖勝食之多亦不可盡也密細之網不入於洿池則魚鼈不可勝食斧斤以草木零落之時入山林不以草木生長之時入之則材木不可勝用也穀與魚鼈既不可勝食材木既不可勝用是使民得以養生喪死無怨恨於不足也五畝之宅栽墻下以桑則年至五十之老可以着其絹帛雞豚狗彘不失其養字之時則年至七十之老可以食其肉百畝之田不奪其耕耨之時則七八口之家可以無飢凡云可者但得過而已未至於富足有餘也謹庠序教化之宮以申舉孝悌之義而富以教之則頭班班然而半白者不自負戴於道塗之間矣無他人皆知孝悌之義爲之壯者必代之爾故曰班白者不負戴於道路矣是則五十之老足以衣帛七十之老足以食肉而黎庶之民故不飢不寒然而君上能如此而民不歸往而王之者必無也故曰未之有也狗彘食人食而不知檢塗有餓莩而不知

發人死則曰非我也歲也是何異於刺人而殺之曰非我也兵也者是孟子以此諷惠王也言人君但養其狗彘而食人之所食而王不知檢斂道塗之間有餓死者而王不知發倉廪以救賑之見其人死則推之曰非我之罪是歲之罪也言是歲之凶荒而疫死之也是何異於執其兵器而刺殺人而曰非我殺也是兵器自殺之類也王無罪於歲則天下之民至焉者是孟子諷之而又誡之也言王無儻人餓死不歸罪於歲但責已而改行則天下之民莫不歸往而至焉耳爲惠王於民好征戰以糜爛其民故以此諷之○注云王侯自稱孤寡○正義曰禮云諸侯與民言自稱曰寡人在凶服曰孤老聃云王侯自稱孤寡不殺是也○注云魏舊河東至河內○正義曰案地理云魏地觜觿參之分野其界自高陵以東盡河東河內河東本殷之舊都周既滅殷分其地爲三國詩風邶鄘衛是也○注云戰事○正義曰莊公十一年左傳曰皆陳曰戰杜預云堅而有備各得其所成敗決於志力者也○注填鼓音兵以鼓進以金退○正義曰賈逵云填塞也滿也禮云色容填填史云東馬駢填云兵以鼓進以金退者案周官大司馬辨鼓鐸鐲鐃之用以教坐作進退疾徐疏數之節云鼓人三鼓司馬振鐸羣吏作旗車徒皆行鳴鐲車徒皆行鳴鐃且卻是也○注使民得三時務農不違奪其要時○正

義曰王制云用民之力歲不過三日周禮均人職云凡均力政以歲上下豐年則公旬用三日焉中年則公旬用二日焉無年則公旬用一日焉語云使民以時包注曰作使民必以其時不妨奪農務荀卿曰春耕夏耘秋收冬藏四者不失時故五穀不絶而百姓有餘食是五穀不可勝食也○注數罟至不得食○正義曰釋云數密也罟網也荀子曰網罟毒藥不入澤洿池淵沼謹其時禁故魚鼈優多而百姓有餘用注云食足之外可貨易也○注時謂至有餘○正義曰周官山虞掌山林之政令云仲冬斬陽木仲夏斬陰木鄭注云陽木春夏生陰木秋冬生者若松柏之屬一云陽木生山陽在南者陰木生山陰在北者荀卿曰斬伐養長不失其時故山林不童而百姓有餘材也○注廬井至衣帛矣○正義曰案周禮云乃經土地而井牧其田野九夫爲井四井爲邑遂人掌邦之野辨其野之土地上地夫一廛田百畝萊五十畝餘夫亦如之中地夫一廛田百畝萊百畝餘夫亦如之下地夫一廛田百畝萊二百畝餘夫亦如之鄭司農云戶計一夫一婦而賦之田其一戶有數口者餘夫亦受此田也廛居也萊謂休不耕者鄭玄云廛城邑之居漢志云六尺爲步步百爲畝畝百爲夫夫三爲井井方一里是爲九夫八家共之各受私田百畝公田十畝是爲八百八十畝餘爲廬舍里有序而鄉

有庠序以明教庠以行禮而視化焉其有秀異者移鄉學于庠序庠序之異者移國學于小學小學之異者移於大學命曰造士行同能偶則别之以射然後爵命焉此先王制士處居富而教之之大略也王制云五十異粻始衰六十非肉不飽七十非帛不煖八十非人不煖九十雖得人不煖是古者五十乃衣帛矣○注言人君至救之也○正義曰餓死者曰莩詩曰莩有梅莩零落也者案毛詩而言也毛詩云莩落也箋云梅實尚餘而未落是其解也

梁惠王曰寡人願安承教願安意承受孟子之教令孟子對曰殺人以挺與刃有以異乎挺杖也曰無以異也王曰挺刃殺人無以異也以刃與政有以異乎孟子欲以政喻王曰無以異也王復曰挺刃殺人與政殺人無異也曰庖有肥肉廄有肥馬民有飢色野有餓莩此率獸而食人也孟子言人君如此率率獸而食人也獸相食且人惡之爲民父母行政不免於率獸而食人惡在

其爲民父母也虎狼食禽獸人猶尚惡視之牧民爲政乃率禽獸食人安在其爲民父母之道也

仲尼曰始作俑者其無後乎爲其象人而用之也如之何其使斯民飢而死也俑偶人也用之送死仲尼重人類謂秦穆公時以三良殉葬本由有作俑者也。惡其始造故曰此人其無後嗣乎如之何其使斯民飢而死也。孟子陳此以教王愛其民也。

［疏］梁惠王曰至死也。正義曰此一段宜與前段合爲一章趙氏分別之蓋言王者爲政之道在生民爲首也梁惠王曰寡人願安承教者是惠王願安意承受孟子之教令也孟子對曰殺人以挺與刃有以異乎者是孟子荅惠王故託此而問惠王言殺人以杖與刃有以各異乎云乎者是父孟子未知惠王以爲如何故疑之也曰無以異者是惠王荅孟子之問言以杖殺人與刃殺人無以各異是皆能殺人也以刃與政有以異乎者孟子復問以刃與政殺人有以異曰無以異也者惠王復曰政之殺人與刃之殺人亦無以異也言致人死則一也曰庖有肥肉廄有肥馬民有飢色野有餓莩此率獸而食人也者是孟子之諷惠王也言庖廚之間有肥肉棧廄之中有肥馬而民皆有飢餓

之顏色郊野之間又有餓而死者此乃是王率獸而食人也獸相食且人惡之爲民父母行政不免於率獸而食人惡在其爲民之父母也者孟子言獸畜自相食如虎狼食牛羊且人猶尚惡見之況爲民之父母其於行政以治民尚不免驅率獸而食人安在其爲民之父母也言行政如此不足爲民之父母也仲尼曰始作俑者其無後乎是孟子引仲尼之言也言仲尼有云始初作俑偶人者其無後嗣乎無他焉是爲其象人而用之也故後有秦穆公以生人從葬故曰其無後嗣也○注梃杖也○正義曰釋文云梃木片也○注俑偶人也○正義曰記云孔子謂爲俑者不仁埤倉云木人送葬設關而能踊跳故名之曰俑魯昭公六年秦穆公卒以子車氏之三子奄息仲行鍼虎爲殉杜預曰以人從葬曰殉詩有黃鳥之篇以哀三良是也孟子諷之故曰如之何使斯民飢餓而死

梁惠王曰晉國天下莫强焉叟之所知也韓魏趙本晉六卿當此時號三晉故惠王言晉國天下之强焉及寡人之身東敗於齊長子死焉西喪地於秦七百里南辱於楚寡人恥之願比死者壹洒

之如之何則可王念有此三恥求策謀於孟子孟子對曰地方百里而可以王言古聖人以百里之地以致王天下謂文王也王如施仁政於民省刑罰薄稅斂深耕易耨壯者以暇日修其孝悌忠信入以事其父兄出以事其長上可使制梃以撻秦楚之堅甲利兵矣易耨芸苗令簡易也制作也王如行此政可使國人作杖以捶敵國堅甲利兵何患恥之不雪也彼奪其民時使不得耕耨以養其父母父母凍餓兄弟妻子離散彼陷溺其民王往而征之夫誰與王敵彼謂齊秦楚也彼困其民願王往征之也彼失民心民不爲用夫誰與共禦王之師而爲王之敵乎故曰仁者無敵王請勿疑鄰國暴虐已修仁政則無敵矣王請行之勿有疑也【疏】梁惠王至勿疑○正義曰此章言百

里行仁則天下歸之也梁惠王曰晉國天下莫強焉叟之所知也者是梁惠王欲問孟子之謀策也言晉國爲天下之最强叟必知之及寡人之身東敗於齊長子死焉西喪地於秦七百里南辱於楚寡人恥之願比死者壹洒之如之何則可者是惠王言晉國遂及寡人之身東則見敗於齊而殺死其長子西又喪失其地於秦七百里南又常受辱於楚寡人心甚愧恥之今願近死不惜命者一洗除之當如之何謀則可以洗除此恥孟子對曰地方百里而可以王者是孟子荅惠王言古之聖君其地但止於百里尚可以王天下也王如施仁政於民省刑罰薄稅斂深耕易耨壯者以暇日修其孝悌忠信入以事其父兄出以事其長上可使制梃以撻秦楚之堅甲利兵矣者是孟子言王自今能施仁政以及民又省去其刑罰輕其稅斂使民皆得深耕易耨壯者以閑暇日修孝悌忠信入閨門之內以奉事其父兄出鄉黨之間以奉事其長上凡能如此雖作一捶挺亦可以鞭撻秦楚之堅甲利兵矣然以秦楚有堅甲利兵而以一梃可鞭撻者蓋秦楚常違奪其農時使民不得耕耨也故云彼奪其民時使不得耕耨以養父母又云父母凍餓兄弟妻子離散彼陷溺其民王往而征之夫誰與王敵者言民既不得耕耨以奉養父母則爲父母者被寒凍飢餓兄弟者與妻子者皆離背散各彼秦楚

陷溺其人民如此而王往彼正其罪夫更誰敢禦王之師而爲王之敵者故曰仁者無敵王請勿疑者是孟子請惠王行此仁政而往正其罪而無敵如所謂仁者無敵是也遂請之行而無更遲疑也前所謂閑暇日者蓋言民於耕耨田地之外有休息閑暇之日也○注韓趙魏至強也○正義曰案史記年表云定王十六年魏桓子與韓康子趙襄子三人敗知伯于晉陽乃至分其地故號爲三晉是爲強國云東敗於齊而喪長子者案史記世家惠王三十年魏伐趙趙告急於齊齊宣王用孫子計救趙魏遂大興師太子申自將攻齊遂與齊人戰敗於馬陵是也云西喪地於秦者案史記年表云周顯王十五年秦與魏戰元里斬首七千取少梁南則常辱於楚馬陵者案徐廣云地在於元城

孟子注疏解經卷第一上

盧氏宣旬校正

大清嘉慶二十年用文選樓藏本校定

南昌縣知縣陳煦栞

孟子注疏校勘記序

漢人孟子注存於今者惟趙岐一家趙岐之學以較馬鄭許服諸儒稍爲固陋然屬書離辭指事類情於詁訓無所戾七篇之微言大義藉是可推且章別爲指令學者可分章尋求於漢傳注別開一例功亦勤矣唐之張鎰丁公著始爲之音宋孫奭采二家之善補其闕遺成音義二卷本未嘗作正義也未詳何人擬他經爲正義十四卷於注義多所未解而妄說之處全抄孫奭音義略加數語署曰孫奭疏朱子所云邵武一士人爲之者是也又盡刪章指矣而疏內又往往詮釋其所刪於十三卷自爲其例曰凡於趙注有所要者雖於文

段不錄然於事未嘗敢弃之而不明其可議有如此者自明以來學官所貯注疏本而已疏之悠繆不待言而經注之譌舛闕逸莫能諟正吳中舊有北宋蜀大字本宋劉氏丹桂堂巾箱本相州岳氏本盱郡重刊廖瑩中世綵堂本皆經注善本也賴吳寬毛扆何焯何煌朱奐余蕭客先後傳挍迄休寧戴震授曲阜孔繼涵安邱韓岱雲鋟版於是經注譌可正闕可補而注疏本有十行者亦較它注疏本爲善今屬元和生員李鋭合諸本臚其同異元爲辨其是非以經注本正注疏本以注疏十行本正明之閩本北監本汲古閣本爲挍勘記十四卷章指及篇敘既學者所罕見則備載之音義亦挍訂

附後俾爲趙氏之學者得有所參考折衷日本孟子考文所據僅足利本古本二種今則所據差廣考孟子者殆莫能捨是矣阮元記

引據各本目録

單經本

宋石經殘本　高宗御書行書每行字數參差不齊今止存十一碑見在杭州府學

經注本

北宋蜀大字本　章邱李氏所藏今據何焯挍本

宋本　劉氏丹桂堂巾箱本鄭師山所藏闕公孫丑告子二冊今據何焯挍本

岳本　亦據何焯挍本

廖本 廖瑩中世綵堂本元盱郡重刊今據何煌挍本

孔本 乾隆壬辰曲阜孔繼涵微波榭刊凡十四卷末附音義韓本同

韓本 乾隆辛丑安邱韓岱雲刊

日本國古本 已下二本據七經孟子考文補遺

足利本

注疏本

宋十行本 凡十四卷卷分上下閩監毛三本同又此本及閩本無題辭監毛本有

閩本

監本

毛本

孟子注疏卷一上挍勘記

阮元撰盧宣旬摘錄

朝散大夫尚書兵部郎中充龍圖閣待制知通進銀臺司兼門下封駮事兼判國子監上護軍賜紫金魚袋臣孫奭撰　按此銜名十行本作兩行上空一字與音義序題銜合閩監毛三本改爲一行擠寫又音義銜龍圖下無閣字撰下有進字

夫揔羣聖之道者　按自此至篇末十行本行行頂格亦與音義序合閩監毛三本首行頂格次行以下並上空一格○又記中凡摘經注疏句有不盡采全者倣經典釋文例

爲之音　閩監毛三本同音義序此下者字是也

而共宗趙氏　按此下音義序有今既奉勑挍定仍據趙注爲本十二字僞疏刪

惟是音釋　按此下音義序有宜在討論臣今詳七字

漏落頗多閩監毛三本同音義序落作略若非再加刊正按音義序無再加二字臣奭前奉勑與同判國子監王旭國子監直講馬龜符國子學說書吳易直馮元等按音義序此文作謹與尚書虞部員外郎同判國子監臣王旭諸王府侍講太常博士國子監直講臣馬龜符鎮寧軍節度推官國子學說書臣吳易直前江陰軍江陰縣尉國子學說書臣馮元等僞疏删去寄祿官及臣字非也作音義二卷已經進呈今輒罄淺聞隨趙氏所說仰効先儒釋經爲之正義凡理有所滯事有所遺質諸經訓與之增明按音義序無此文而有推究本文參考舊注采諸儒之善刱異說之煩證以字書質諸經訓疏其疑滯備其闕遺集成音義二卷一段文蓋僞疏竄改又上文勑字及此進呈字十行本提行頂格閩監毛三本竝接寫不提行

孟子注疏題辭解 按十行本閩本無此篇監毛本有山井鼎考文所謂孟子題辭注疏本或無之者是也又按音義孟子題辭張鎰云即序也不云題辭解疑此解字是僞疏增又音義孟子題辭下出趙氏字今本無之蓋失其舊

孟子至表也 監本此下有圈毛本無以下並同

值炎劉之未舊 毛本同音義出值炎云丁作直

繫周易 毛本同音義繫本亦作系

爲正 毛本同浦鏜正誤云政誤正按周禮小宰職聽政役以比居注或作正是正政古通用浦說是也

孟子注疏解經卷第一上 監毛本同閩本誤脫上字

梁惠王章句上 凡七章按宋高宗御書孟子石經殘本篇題並頂格不空字十行本正與之合蓋猶是舊欵閩監毛三本並低一字非又篇題下近孔繼涵韓岱雲所刻經注本及考文古本無凡幾章字音義及足利本有

趙氏注　孫奭疏　十行本孫奭疏三字在第二行篇題下趙氏注三字在第三行上低一字下接注文閩監毛三本並作漢趙氏注宋孫奭疏在篇題之前其注移在凡幾章之下考文古本注在趙氏注下與十行本合足利本注及題名在篇題後其題名作後漢太常趙岐邠卿注與各本皆不合非也廖瑩中經注本趙氏作趙岐亦非按音義題辭下出趙氏字然則舊本題名不作趙岐并無注字也

梁惠王者　自此至一例者也岳本廖本無又按十行本注文皆雙行細字閩監毛三本以注文改爲單行上冠注字非復十行本舊式矣

皆僭號者　閩監毛三本同宋本孔本韓本考文古本足利本下有也字

皆專事焉　閩監毛三本同宋本孔本韓本考文古本專作尊○按尊是也

爲諸侯師　閩監毛三本同宋本孔本韓本考文古本師上有所字

以公孫丑等而爲之一例者也　閩監毛三本同宋本考文古本孔本以作與無而之

者三字韓本與宋本同有者字

梁惠王章句上　十行本標起止下每作一圈以別正義閩監本同毛本去圈正義按標起止下以後放此

長老之稱　閩監毛三本同廖本孔本韓本考文古本下有也字

王尊禮之　閩監毛三本同廖本孔本韓本考文古本上有故字

而來此　閩監毛三本同宋本孔本韓本考文古本此上有至字

亦將有以爲寡人興利除害者乎　閩監毛三本同宋本孔本有下有可字無者字廖本無者字韓本足利本有下有可字考文古本有下有可字者乎作也

故曰王何以利爲名乎　閩監毛三本同孔本韓本考文古本何下有必字足利本王何作可必

亦有仁義之道閩監毛三本同宋本亦下有恠字廖本岳本下有者字孔本韓本考文古本作亦惟有仁義之道者

則國危矣閩監毛三本同廖本孔本韓本考文古本危下有亡字

是以千乘取其萬乘者也閩監毛三本同宋本廖本孔本韓本考文古本無其字者字岳本無者字

亦皆弑君閩監毛三本同廖本孔本韓本考文古本足利本君上有其字

上下乘當言國閩監毛三本同孔本韓本考文古本下作千是也

亦多故不爲不多矣閩監毛三本同廖本孔本韓本考文古本故作矣○按作故是

不足自饜飽其欲矣閩監毛三本孔本同宋本廖本韓本考文古本無矣字

而遺棄其親也閩監毛三本同廖本孔本韓本考文古本無也字

而忽後其君長　閩監毛三本同宋本廖本孔本韓本考文古本長作者

重歎其禍也　閩監毛三本同宋本孔本韓本考文古本作重嗟歎其禍音義出重嗟則亦有嗟字

章指言　孔本韓本作曰下同　治國之道明當以仁義爲名然後上下和親君臣集穆　足利本集作輯　天經地義不易之道故以建篇立始也　凡章指十行本以下注疏本無今据廖本載全文于每章後各本異同即注于下以補注疏本之缺全書同此

此章言治國之道當以仁義爲名也　案每章疏首數句乃僞疏竊取趙氏章指之文而又不全載謬甚

孔曰放依也　閩監毛三本孔下並衍子字

又襄二十六年　閩本同監毛本襄下有公字

乃顧視禽獸之衆多閩監毛三本同宋本孔本韓本考文古本無乃字

其心以爲娛樂閩監毛三本同宋本廖本孔本韓本考文古本無其字

誇咤孟子閩監毛三本同宋本廖本孔本韓本考文古本誇作夸音義出誇咤丁云誇也按此則作誇非也

亦爲人所奪閩監毛三本同宋本孔本韓本考文古本亦作當

而不與之相期日限自來成之閩監毛三本同宋本無而之相三字日作曰廖本無相限二字下有也字孔本下有也字韓本考文古本無而相限三字下有也字

不督促使之閩監毛三本孔本韓本同音義出不督云丁作⿱髟是○按⿱髟是疑⿱髟叔之誤古⿱髟叔與督義同音同

爲父使之也閩監毛三本同宋本廖本孔本韓本考文古本無之字

牝鹿也閩監毛三本同廖本孔本韓本牝作牸牸與牝義同考文古本牝作牸牸即牸之譌也俗刊之書多

此誤字

言文王在囿中　閩監毛三本同岳本廖本孔本韓本考文古本囿上有此字

麀鹿懷妊　閩監毛三本同宋本廖本孔本韓本妊作任

則鶴鶴而澤好而已　閩監毛三本同宋本廖本孔本韓本考文古本無而已二字

於牣魚躍　閩監毛三本孔本韓本同音義出於牣云丁本作仞

而民歡樂之　各本同音義出歡樂云本亦作勸樂臧琳曰案左傳昭九年注衆民自以子義來勸樂爲之正義曰衆民自以子成父事而來勸樂而早成之耳知晉唐時本皆作勸樂

孟子謂王誦此詩　閩監同廖本孔本韓本監毛本謂作爲是也

民由歡樂之　宋本孔本韓本考文古本足利本同閩監毛三本由作猶按由猶古今字

言古賢之君　閩監毛三本同廖本孔本韓本足利本賢之作之賢

同其所樂

與民同樂閩監毛三本同廖本作與民共同其樂宋本孔本韓本作與民共同其所樂考文古本作與民

故能得其樂閩監毛三本同廖本孔本韓本考文古本作故能樂之

予及女皆亡孔本韓本同閩監毛三本皆作偕

日乙卯日也閩監毛三本韓本同宋本孔本上日作時○按宋本孔本非當作是日乙卯日也

湯臨士衆誓閩監毛三本同廖本孔本韓本作湯臨士衆而誓之考文古本下有之字

言民欲與湯共亡桀閩監毛三本同宋本孔本韓本民下有皆字

章指言聖王之德與民共樂恩及鳥獸則忻戴其上大平化興無道之君衆怨神怒則國滅祀絕不得保守其所樂也

以奉養文王也已閩監毛三本已作此非

注言文王至使也閩本同監本毛本使下有之字非

毛氏注云閩監毛三本氏作詩○案注當作傳

足以笑百步者否閩監毛三本同廖本步下有止字宋本否作不孔本韓本考文古本作足以笑百步止者不足利本作是以笑百步止者不音義出者不

王雖有移民轉粟之善政閩監毛三本同宋本孔本韓本考文古本足利本粟作穀

而獨望民之多閩監毛三本孔本韓本足利本同考文古本獨作猶

何異於五十步笑百步者乎閩監毛三本韓本同廖本孔本考文古本於下有以字

所以捕小魚鼈也閩監毛三本同廖本孔本韓本考文古本也上有者字

各入保城二畝半閩監毛三本足利本同宋本孔本韓本各作冬是考文古本城作域非○按據

公羊傳宣十四年注及漢地理志則作冬是也公羊注同春夏出田秋冬入保城郭今各本或作保城或作城保若依公羊則保城爲長

可以無饑矣 監本毛本同宋本岳本咸淳衢州本孔本韓本閩本饑作飢按飢餓之字當作飢饑乃饑饉字此經當以飢爲正

頭半白班班者也 閩監毛三本同宋本白下有曰字岳本廖本韓本者上並有然字孔本作頭半白曰頒斑斑然者也按以斑爲班古字假借毛本孔本韓本班作斑非也足利本作頭半白日頒班班者也山井鼎云日當作曰是○按頒白字說文作𩓡从須卑聲

故頒白者不負戴也 閩監毛三本同孔本足利本故下有曰字戴下有於道路三字韓本與孔本同無曰字

黎民不饑不寒 監本同韓本閩本毛本饑作飢

言人君但養犬彘廖本孔本韓本考文古本足利本同閩監毛三本犬作狗

不知以法度檢斂也宋本閩監毛三本同毛本檢作撿避所諱

詩曰莩有梅宋本孔本韓本同閩監毛三本曰作云

道路之旁有餓死者韓本閩監毛三本同宋本孔本旁作傍

以用賑救之也廖本考文古本足利本同宋本孔本韓本賑作振閩監毛三本用作周按振卽古之賑字作賑者非

章指言王化之本在於孔本於作乎　使民養生喪死之用備足

然後導之以禮義責己矜窮則斯民集矣

在於使民養生喪死之用足備也閩監毛三本喪作送誤

可以着其絹帛閩本同監本毛本着作箸

背陣曰戰　閩本同按背當作皆監本毛本改作皆是也

周禮內人職云　閩監毛三本同盧文弨云內當作均是也

殺人以挺與刃　閩本同宋本廖本岳本孔本韓本監毛本挺作梃案音義云從木則此本及閩本誤也此本注俱作梃閩本經注並作挺

梃刃殺人　閩監毛三本同孔本韓本考文古本梃作杖

曰無以異也　各本同孔本以異誤倒

梃刃殺人與政殺人　閩監毛三本廖本岳本同宋本孔本韓本無梃刃殺人與五字

無異也　閩監毛三本同廖本岳本孔本韓本考文古本無下有以字

率率獸而食人也　閩監毛三本上率字作是廖本作是率禽獸以食人也宋本孔本韓本考文古本作爲率禽獸以食人也足利本與古本同但人下有者字

虎狼食禽獸人猶尚惡視之牧民爲政乃率禽獸食人安在其爲民父母之道也各本並同足利本作古者虎狼之中能常食於禽獸是人所惡今人猶尚惡視之牧民爲政乃率禽獸食人安在其爲民父母之道也已

惡其始造閩監毛三本同廖本孔本韓本惡上有夫字音義出夫惡山井鼎考文云古本本由有作偁者也下有夫字以夫字屬上讀非也

如之何其使斯民飢而死也閩監毛三本同廖本孔本韓本考文古本斯作此也作邪岳本斯作此音義出死邪

以教王變其民也閩監毛三本同廖本無也字宋本孔本韓本考文古本無其字也字

章指言王者爲政之道生民爲首以政殺人人君之咎猶以白刃疾之甚也

故惠王言晉國天下之強焉閩監毛三本之作莫廖本無之字宋本孔本韓本考文古本無之焉二字

壹洒之孔本韓本考文古本同閩監毛三本壹作一

深耕易耨音義出易耨云下奴豆切字亦作蓐

而爲王之敵乎閩監毛三本同宋本孔本韓本足利本無而之二字廖本無而字考文古本作於王敵乎

章指言以百里行仁天下歸之以政傷民民樂其亡以梃服強仁與不仁也足利本也上有者字

願比死者壹洒之閩監毛三本壹作一

今願近死不惜命者一洗除之閩本同監毛本近作爲

皆離背散各　各字誤閩監毛三本並作亡

韓魏趙至强也　閩本同監毛本也改焉

孟子注疏卷一上挍勘記

奉新趙儀吉挍

孟子注疏解經卷第一下

梁惠王章句上

趙氏注　孫奭疏

孟子見梁襄王出語人曰望之不似人君襄謚也魏之嗣王也望之無儼然之威儀也就之而不見所畏焉就與之言無人君操柄之威知其不足畏卒然問曰天下惡乎定卒暴問事不出其次也問天下安所定言誰能定之吾對曰定于一孟子謂仁政爲一也孰能一之言孰能一之者對曰不嗜殺人者能一之嗜猶甘也言今諸侯有不甘樂殺人者則能一之孰能與之王言誰能與不嗜殺人者乎對曰天下莫不與也孟子曰時人皆苦虐政如有行仁天下莫不與之王知夫苗乎七八月之間旱則苗槁矣天油然作雲沛然下雨則苗浡然興之矣

其如是孰能禦之以苗生喻人歸也周七八月夏之五六月也油然興雲之貌沛然下雨以潤槁苗則浡然已盛孰能止之今夫天下之人牧未有不嗜殺人者也如有不嗜殺人者則天下之民皆引領而望之矣誠如是也民歸之由水之就下沛然誰能禦之今天下牧民之君誠能行此仁政民皆延頸望欲歸之如水就下沛然而來誰能止之

【疏】孟子見梁襄王至誰能禦之○正義曰此章言定天下者一道而已不貪殺人人則歸之也孟子見梁襄王出語人曰望之不似人君就之而不見所畏焉者是孟子在梁見襄王而語於人曰遠望之襄王而不似人君言無人君之威儀也就而近之而不見所畏焉言無人君操柄之威也卒然問曰天下惡乎定者是孟子語於人言襄王卒暴而問我曰天下誰能定吾對曰定于一者言我對之曰定天下者在乎仁政爲一者也孰能一之是孟子言襄王又問誰能仁政爲一對曰不嗜殺人者能一之者是孟子言我復荅之唯不好殺人者能以仁政爲一也孰能與之者言襄王又問誰能與之不好殺人

者對曰天下莫不與也言我對曰天下之人無有不與之也王知夫苗乎七八月之間旱則苗槁矣天油然作雲沛然下雨則苗浡然興之矣其如是孰能禦之者是孟子比喻而解王之意也故問襄王曾知夫苗乎言夫苗自七八月之時則乾旱而無水苗於是枯槁上天油然而起雲沛然而降雨則枯槁之苗又浡然興起而茂其不嗜殺人者能一之有如此苗而興茂誰能止之也又言如有行仁而天下莫不與之誰能止之而不與也今夫天下之人牧未有不嗜殺人者也至誰能禦之者是孟子因此喻苗而解王之意又以此復詳明之欲使襄王即曉之也言今天下爲牧養人民之君未有不好殺人者也言皆好殺人若有不好殺人者則天下之人民皆延頸而望王以歸之矣誠如此上言之者則民皆歸之亦若水之流自上而下其勢沛然而來誰能止之言無人能止之也○注襄謚也至。儀○正義曰案世家云惠王在位三十六年卒子赫立是爲襄王襄王在位六年卒謚曰襄謚法云因事有功曰襄又曰辟土有德曰襄○注周七八月夏之五六月○正義曰周之時蓋以子之月爲正夏之時建寅之月爲正是知周之七八月即夏之五六月也

齊宣王問曰齊桓晉文之事可得聞乎宣謚也宣王問孟子欲庶幾齊

桓公小白晉文公重耳孟子冀得行道故仕於齊齊不用乃適梁建篇先梁者欲以仁義爲首篇因言魏事章次相從然後道齊之事孟子對曰仲尼之徒無道桓文之事者是以後世無傳焉臣未之聞也孔子之門徒頌述宓義以來至文武周公之法制耳雖及五霸心賤薄之是以儒家後世無欲傳道之者故曰臣未之聞也無以則王乎既不論三皇五帝殊無所問則尚當問王道耳不欲使王問霸者之事曰德何如則可以王矣王曰德行當何如而可得以王乎曰保民而王莫之能禦也保安也禦止也言安民則惠而黎民懷之若此以王無能止也曰若寡人者可以保民乎哉王自恐德不足以安民故問之曰可孟子以爲如王之性可以安民也曰何由知吾可也王問孟子何以知吾可以保民曰臣聞之胡齕曰王坐於堂上有牽牛而過堂下者王見之曰牛何之

對曰：將以釁鍾。王曰：舍之，吾不忍其觳觫，若無罪而就死地。對曰：然則廢釁鍾與？曰：何可廢也？以羊易之。不識有諸？胡齕，王左右近臣也。觳觫，牛當到死地處恐貌。新鑄鍾，殺牲以血塗其釁郄，因以祭之，曰釁。《周禮·大祝》曰：「隋釁逆牲逆尸，令鍾鼓。」天府：「上春釁寶鎮及寶器。」孟子曰：臣受胡齕言，王嘗有此仁，不知誠充之否？曰：有之。王曰：有之。曰：是心足以王矣。百姓皆以王爲愛也，臣固知王之不忍也。愛，嗇也。孟子曰：王推是仁心，足以至於王道。然百姓皆謂王嗇愛其財，臣知王見牛恐懼，不欲趨死，不忍，故易之也。王曰：然。誠有百姓者。齊國雖褊小，吾何愛一牛？即不忍其觳觫，若無罪而就死地，故以羊易之也。王曰：亦誠有百姓所言者矣。吾國雖小，豈愛惜一牛之財費哉？即見其牛哀之，釁鍾又不可廢，故易之以羊耳。曰：王無異於百姓之以王爲愛也以小易大彼惡知之王若隱其無罪而就死地則牛羊何擇焉異怪也隱痛也孟子言無怪百姓。謂王愛財也見王以小易大故也王如痛其無罪羊亦無罪何爲獨釋牛而取羊王笑曰是誠何心哉我非愛其財而易之以羊也宜乎百姓之謂我愛也王自笑心不然而不能自免爲百姓所非乃責己之以小易大故曰宜乎其罪我也曰無傷也是乃仁術也見牛未見羊也君子之於禽獸也見其生不忍見其死聞其聲不忍食其肉是以君子遠庖廚也孟子解王自責之心曰無傷於仁是乃王爲仁之道也。時未見羊羊之爲牲次於牛故用之耳是以君子遠庖廚不欲見其生食其肉也王說曰詩云他人有心予忖度之夫子之謂也夫我乃行之反而求之不得吾心夫子言之於我心有戚戚焉此心之所以合於王者何也詩小雅巧言之篇也王喜悅因稱是詩以嗟嘆孟子忖度知己心戚戚然心有動也寡人雖有是心何能足以合於王也曰有復於王者曰吾力足以舉百鈞而不足以舉一羽明足以察秋毫之末而不見輿薪則王許之乎復白也許信也人有白王如此王信之乎百鈞三千斤也曰否王曰我不信也今恩足以及禽獸而功不至於百姓者獨何與然則一羽之不舉爲不用力焉輿薪之不見爲不用明焉百姓之不見保爲不用恩焉故王之不王不爲也非不能也孟子言王恩及禽獸而不安百姓若不用力不用明者也不爲耳非不能也曰不爲者與

不能者之形何以異王問其狀何以異也曰挾太山以超北海語人曰我不能是誠不能也爲長者折枝語人曰我不能是不爲也非不能也故王之不王非挾太山以超北海之類也王之不王是折枝之類也孟子爲王陳爲與不爲之形若是王則不折枝之類也折枝案摩折手節解罷枝也少者恥是役故不爲耳非不能也太山北海皆近齊故以爲喻也老吾老以及人之老幼吾幼以及人之幼天下可運於掌老猶敬也幼猶愛也敬我之老亦敬人之老愛我之幼亦愛人之幼推此心以惠民天下可轉之掌上言其易也詩云刑于寡妻至于兄弟以御于家邦言舉斯心加諸彼而已詩大雅思齊之篇也刑正也寡少也言文王正已適妻則入妾從以及兄弟御享。也享天下國家之福但舉已以加於人而已故推恩足以保四海不推恩無以保妻子古之人所以大過人者無他焉善推其所爲而已矣大過人者大有爲之君也善推其心所好惡以安四海也今恩足以及禽獸而功不至於百姓者獨何與復申此言非王不能不爲之耳權然後知輕重度然後知長短物皆然心爲甚王請度之權銓衡也可以稱輕重度丈尺也可以量長短凡物皆當稱度乃可知心當行之乃爲仁心比於物尤當爲之甚者也欲使王度心如度物也抑王興甲兵危士臣構怨於諸侯然後快於心與抑辭也孟子問王抑亦如是乃快邪王曰否吾何快於是將以求吾所大欲也王言不然我不快是也將欲以求吾心所大欲者耳曰王之所大欲可得聞與孟子雖心知王意而故問者欲令王自道遂因而陳之王

笑而不言王意大而不敢正言曰爲肥甘不足於口與輕煖
不足於體與抑爲采色不足視於目與聲音不
足聽於耳與便嬖不足使令於前與王之諸臣
皆足以供之而王豈爲是哉孟子復問此五者欲以致王所欲也故發異端以問之也
曰否吾不爲是也王言我不爲是也曰然則王之所
大欲可知已欲辟土地朝秦楚莅中國而撫四
夷也莅臨也言王意欲庶幾王者臨莅中國而安四夷者也以若所爲求若所
欲猶緣木而求魚也若順也順鄉者所爲謂搆兵諸侯之事求順今之所欲莅中國之願其不可得如緣喬木而求生魚也
王曰若是其甚與王謂此之緣木求魚爲大甚
曰殆有甚焉緣木求魚雖不得魚無後災以若

所爲求若所欲盡心力而爲之後必有災孟子言盡心戰鬭必有殘民破國之災故曰殆有甚於緣木求魚者也曰可得聞與王欲知其害也曰鄒人與楚人戰則王以爲孰勝言鄒小楚大也曰楚人勝王曰楚人勝也曰然則小固不可以敵大寡固不可以敵衆弱固不可以敵彊海内之地方千里者九齊集有其一以一服八何以異於鄒敵楚哉固辭也言小弱固不可以敵强大集會齊地可方千里譬一州耳今欲以一州服八州猶鄒欲敵楚也蓋亦反其本矣王欲服之之道蓋當反王道之本耳今王發政施仁使天下仕者皆欲立於王之朝耕者皆欲耕於王之野商賈皆欲藏於王之市行旅皆欲出於王之塗天

下之欲疾其君者皆欲赴愬於王其若是孰能禦之反本道行仁政若此則天下歸之誰能止之也王曰吾惛不能進於是矣願夫子輔吾志明以教我我雖不敏請嘗試之王言我情思惛亂不能進行此仁政不知所當施行也欲使孟子明言其道以教訓之我雖不敏願嘗使少行之也曰無恒產而有恒心者惟士爲能若民則無恒產因無恒心孟子爲王陳其法也恒常也產生也恒產則民常可以生之業也恒心人常有善心也惟有學士之心者雖窮不失道不求苟得耳凡民迫於飢寒則不能守其常善之心也苟無恒心放辟邪侈無不爲已及陷於罪然後從而刑之是罔民也民誠無恒心放溢辟邪侈於姦利犯罪觸刑無所不爲乃就刑之是由張羅罔以罔民者也焉有仁人在位罔民而可爲也安有仁人爲君罔陷其民是政何可爲也

是故明君制民之產，必使仰足以事父母，俯足以畜妻子，樂歲終身飽，凶年免於死亡，然後驅而之善，故民之從之也輕。言衣食足知榮辱，故民從之教化輕易也。今也制民之產，仰不足以事父母，俯不足以畜妻子，樂歲終身苦，凶年不免於死亡，此惟救死而恐不贍，奚暇治禮義哉？言今民困窮，救死恐凍餓而不給，何暇修禮行義乎？王欲行之，則盍反其本矣。五畝之宅，樹之以桑，五十者可以衣帛矣。雞豚狗彘之畜，無失其時，七十者可以食肉矣。百畝之田，勿奪其時，八口之家可以無飢矣。謹庠序之教，申之以孝悌之義頒白者不負戴於道路矣老者衣帛食肉黎民不飢不寒然而不王者未之有也其說與上同八口之家次上農夫也孟子所以重言此者乃王政之本常生之道故為齊梁之君各具陳之當章究義不嫌其重也

【疏】齊宣王至未之有也○正義曰此章言典籍攸載帝王之道無傳霸者之事也齊宣王問曰齊桓晉文之事可得聞乎者齊宣是齊威王之子辟彊是也謚為宣言齊宣王問孟子曰齊威公小白晉文公重耳二霸之事可得而聞之乎孟子對曰仲尼之徒無道桓文之事者是以後世無傳焉臣未之聞也者是孟子荅齊宣王之言也言自孔子之門徒無有道及桓文二霸者事是以後世無傳焉故臣于今未之嘗聞知也云臣者是孟子對王而言故自稱己為臣也無以則王乎者孟子言無以問及宓犧以來至文武周公之法尚當以王者之道為問耳曰德何如則可以王矣者齊宣又問孟子言德當何如則可以為王曰保民而王莫之能禦也者孟子言當安民而為之王則天下之民莫之能止禦之也曰若寡人者可以保民乎哉者宣王又自問只如寡人之德可以安民乎王恐德不足以安民故問之也曰可者孟子言如王之德可以安民也

曰何由知吾可也者宣王又問孟子何緣而知吾之德可以安民曰臣聞之胡齕曰王坐於堂上有牽牛而過堂下王見之曰牛何之至以羊易之者是孟子因胡齕之言而荅宣王之問也胡齕王之左右近臣言嘗聞胡齕曰王坐於廟堂之上有牽牛自堂下而過者王見之而問牽牛者曰其牛牽去何所牽牛者對之曰相將以爲釁鐘也王對牽牛者曰舍去之我不忍其牛之恐慄若無罪之人而就於所死之地者也牽牛者又對曰如若王之所不忍則廢去釁鍾之禮與王復與牽牛者曰塗釁祭鍾之禮何可得而廢以羊更易之而已不識有諸者是孟子又未知齊宣王還是有此言故問宣王曰不識有諸者曰有之者宣王荅孟子以爲是有此言也曰是心足以王矣者是孟子於此言知王有此不忍之心故足以爲王矣百姓皆以王爲愛也臣固知王之不忍也者孟子言然百姓盡以王爲愛財也臣素知王有不忍之心故如此也王曰然者宣王復亦自謂百姓是有此疑也誠有百姓者齊國雖褊小吾何愛一牛即不忍其觳觫若無罪而就死地故以羊易之也者宣王言誠有百姓以我爲愛財者齊國雖曰褊小狹隘我亦何獨止愛其一牛即是不忍見其牛之恐慄如無罪而就於所死之地又爲釁鍾不可廢故以羊更之也宣王必以羊易牛者以其羊之爲牲次於牛也故以羊易之

曰王無異於百姓之以王爲愛也以小易大彼惡知之王若隱其無罪而就死地則牛羊何擇焉者孟子對宣王言王無怪百姓皆謂我爲愛財也以羊之小而易牛之大彼百姓之人安知王以爲不忍見其恐懼又爲釁鍾不可廢故以羊易之之意也彼必曰王若隱痛不忍見牛若無罪而就所死之地則牛與羊何擇焉言羊之與牛是皆若無罪而就死也何獨擇取其牛而以羊就死也王笑曰是誠何心哉我非愛其財而易之以羊也宜乎百姓之謂我愛也者是宣王自笑以其巳之心不如是故笑之也笑而言曰儻如此者是何心哉然我非愛其財故以羊易牛也云此者宣王又疑孟子亦以爲然故以此言復荅之也宜乎百姓不知我之意而謂我愛財也曰無傷也是乃仁術也見牛未見羊也君子之於禽獸也見其生不忍見其死聞其聲不忍食其肉是以君子遠庖廚也者孟子復解王之自責之意也言如此亦無傷害於爲王也此亦爲仁之一術耳無他是見其牛之觳觫未見其羊之觳觫也凡君子之於禽獸見其生貌則不忍見其就死聞其鳴聲則不忍食其肉是以君子之人凡於庖廚烹炙之事所以遠去之也王悅曰詩云他人有心予忖度之夫子之謂也者是宣王見孟子解其巳意故喜悅之而引詩之文而言也他人有心予忖度之二句是小雅巧言之詩也宣王引之

而爲如夫子之所謂也云夫子者宣王尊孟子爲夫子也夫我乃行之反而求之不得吾心夫子言之於我心有戚戚焉者宣王言我既行之事尚且反而求之於己而不得其心之所之自今夫子言之於我心中戚戚然有動也此心之所以合於王者何也者宣王言雖有是心其所以得契合於王者是如之何也曰有復於王者曰吾力足以舉百鈞而不足以舉一羽明足以察秋毫之末而不見輿薪則王許之乎者是孟子欲以此比喻而解王也言今有人復白於王曰我力能舉得三千斤之重而不能舉一羽毛之輕目之明能觀視其秋毫之末鋭而不能見一大車之薪木則王信乎否乎曰否者是宣王荅之曰凡如此云者我不信也今恩足以及禽獸而功不至於百姓者獨何與者孟子復以此諷之也言今王有恩德足以及其禽獸而其功績不至於百姓者王獨以爲何如然則一羽之不舉爲不用力焉輿薪之不見爲不用明焉百姓之不見保爲不用恩焉故王之不王不爲也非不能也者孟子又言苟如是一羽之輕所以不能舉者爲其不用力也一車薪之大所以不見之者爲其不用明也今百姓之所以不見安者爲其不用恩也故王之所以不爲王是王之不爲也非不能也曰不爲者與不能者之形何以異者是宣王問孟子言不爲與不能二狀何以爲異也曰挾太山以超北

海語人曰我不能是誠不能也爲長者折枝語人曰我不能是不爲也非不能也故王之不王非挾太山以超北海之類也是折枝之類也者是孟子又以此比喻而解王問不爲與不能之異狀也言今有人云挾太山而超過北海而語人曰我不能挾太山超北海此眞不能也如爲長者按摩手節而語人曰我不能爲長者按摩手節是恥見役使但不爲之耳非不能也今王之所以不王非是挾太山超北海之類也是不爲長者折枝之類也以其不爲之耳老吾老以及人之老幼吾幼以及人之幼天下可運於掌者是孟子欲以此教宣王也言敬吾之所敬以及他人之所敬者愛吾之所愛以及他人之所愛者凡能推此而惠民則治天下之大止如運轉於掌上之易也詩云刑于寡妻至于兄弟以御于家邦者是孟子引大雅思齊之詩文也言文王自正于寡妻以至正于兄弟自正于兄弟以至臨御于家邦言凡此是能舉此心而加諸彼耳故推恩足以保四海不推恩無以保妻子古之人所以大過人者無他焉善推其所爲而已矣者孟子言爲君者但能推其恩惠故足以安四海苟不推恩惠雖妻子亦不能安之古之人君所以大過強於人者無他事焉獨能推其所爲恩惠耳蓋所謂老吾老以及人之老幼吾幼以及人之幼又如詩云文王刑于寡妻至于兄弟以御于家邦是其善

推其所爲之意皆故也今恩足以及禽獸而功不至於百姓者獨何與者孟子復言非王不能但不爲耳故復云然權然後知輕重度然後知長短物皆然心爲甚王請度之者孟子又託物而諷王也言爲之權與度然尚能知其輕重長短其權度之爲物也然尚皆然而人心又甚於權度故請王自忖度之耳抑王興甲兵危士臣構怨於諸侯然後快於心與者抑辭也與語曰抑爲之不厭之抑同孟子又以此數事而測王之意也言抑是王欲興起甲兵以伐人危士臣以即戎不以爲危事外結怨於諸侯如此且然後快樂其心與王曰否者宜王荅之以爲不如是也言我何肯快心於此數事我但將以求吾所大欲耳曰王之所大欲可得聞與者是孟子欲知王之所大欲故問之曰王之大欲可得而聞之乎王笑而不言宣王知已之所欲甚大但笑而不言也曰爲肥甘不足於口與輕煖不足於體與至不足使令於前與者是孟子又以此四事而測王所大欲也言王之所大欲是爲其肥甘之味不足以供於口與抑是其聲音之樂不足供聽於王之耳與便嬖之幸不足使令於王之前與采色之飾不足供視於王之目與然此數事而爲王之諸臣者皆足以供奉王矣而王豈用爲此者與故繼之曰王之諸臣皆足以供之而王豈爲是哉又曰否吾不爲是者宜王荅之曰我不爲是四者之事

也曰然則王之所大欲可知已者孟子言如是則王之大欲
我今可得知已欲辟土地朝秦楚莅中國而撫四夷也者孟
子知王以此爲所大欲也以若所爲求若所欲猶緣木而求
魚也者孟子言王如若以此欲開闢其土地而求其廣又欲
朝秦楚之諸侯以臨莅其中國而撫安四夷爲所大欲是若
緣喬木之上而求其魚也王曰若是其甚與者宣王亦謂已
之大欲若此求魚之甚與曰殆有甚焉緣木求魚雖不得魚
無後災以若所爲求若所欲盡心力而爲之後必有災者孟
子言王如此大欲殆有甚於緣木求魚也緣喬木而求魚雖
不得魚又且無後災難所及而王如若以所欲假使盡心力
而爲之後亦必有大災難所及也曰可得聞與者是宣王又
問孟子欲求知其大災難也曰鄒人與楚人戰則王以爲孰
勝者孟子以此比喻而解王也言鄒之小國與楚之大國戰
鬬則王以爲誰國勝之曰楚人勝者宣王荅孟子以爲楚之
大國人勝之也曰然則小固不可以敵大寡固不可以敵衆
弱固不可以敵强者孟子言如是則小國固不可敵大國人
之寡少固不可以敵人之衆多劣弱固不可以敵强悍也海
内之地方千里者九齊集有其一以一服八何以異於鄒敵
楚哉者孟子又言今海内之地方千里者有九而齊國但集
而有一且以一而服八是何以異於鄒國之小而敵楚國之

大哉言與此無異也王如欲服之蓋當反行王道之本耳故云蓋亦反其本矣今王發政施仁至孰能禦之者孟子於此教宣王王道之本也言今王發政而施仁使天下爲之仕者皆欲立於王之朝廷耕者皆欲耕作於王之郊野商賈皆欲藏於王之市行旅皆欲出於王之道塗凡天下欲疾惡其君者又皆欲奔赴王而告愬之其如此天下皆歸之誰能止禦之也商賈漢書云通財鬻貨曰商白虎通云賣曰賈行旅者師旅也說文云軍五百人也王曰吾惛不能進於是矣願夫子輔吾志明以教我我雖不敏請嘗試之者宣王欲孟子明其王道而教之也故曰我之惛亂不能進於此仁政願夫子輔我志以明白教我也我雖不能敏疾而行之但請嘗試教之如何耳曰無恒產而有恒心者惟士爲能若民則無恒產因無恒心苟無恒心放辟邪侈無不爲已至末之有也者是孟子爲宣王陳王道之本而教之者也言無常生之業而有常善之心者惟士人爲能有之言士窮則獨善其身不求苟得故能有常心也若民則迫於窮困不能守其常善苟無常生之業遂因之而無常善之心苟無常善之心則放辟邪侈之事無有不爲及其陷溺於罪然後又從而誅戮之是若張羅網而罔民也安有仁人之君在位而以罔民而可爲之也故明哲之君制別民之生產必使其民仰而上之則足以奉

事父母俯而下之則足以畜養妻子豐樂之歲終身飽足凶荒之年又免其死亡然後驅率而從善教故其民從其善教亦輕易也自今之君制民之產仰則不足以奉養父母俯則不足以畜養妻子雖豐樂之歲終身又且勞苦而凶荒之年又不得免其死亡如此則民惟獨於救死尚恐其不足何有閒暇而修治禮義哉言無及修其禮義也王欲行之則盍反其本矣者言王欲行之則何不反其王道之本五畝之宅至未之有也是又孟子爲宣王陳王道之本其說已在前此更不解○注宣謚也至齊也○正義曰周顯王二十七年史記云齊威卒子辟疆立是爲齊宣王在位十九年卒謚曰宣謚法云善問周達曰宣云齊桓公小白者莊公八年左傳王齊僖公母弟曰夷仲年生公孫無知有寵於僖公弒君自立九年春弒無知莊公納子糾桓公小白自莒入於是立爲桓公元年史記云桓公小白元年春齊弒無知五年與魯人會柯七年始霸會諸侯於鄄云晉文公重耳者史記云周襄王十六年晉文公重耳立是爲元年又云晉獻公五年伐驪戎得二姬歸生奚齊其娣生卓子驪姬嬖欲立其子重耳者乃獻公娶於戎得二女大戎狐姬之所生也十二年居重耳於蒲城二十六年獻公卒立奚齊里克殺之及卓子又立小戎所生夷吾者爲晉惠公七年重耳聞管仲死自狄之齊十四年

惠公夷吾卒遂立重耳爲晉文公九年在位卒云孟子不得行道故仕於齊齊不用乃適梁者案史記列傳已說在梁王段注云宓羲至閭也正義曰宓羲古帝王氏也即伏犧氏也五霸者即齊桓晉文秦繆宋襄楚莊是也崔李云夏昆吾殷大彭豕韋周齊桓晉文是也謂之霸者把也把持諸侯之權也案國語亦然荀子云仲尼之門人五尺之豎子言羞稱乎五霸是仲尼之徒無道桓文之事者之證也注云觳觫牛於到死地處恐貌正義曰案廣雅有云觳觫死貌是也云周禮大祝墮釁逆牲逆尸令鐘鼓者鄭司農云墮釁謂薦血也凡血祭曰釁既墮釁後言逆牲容逆鼎是也蓋古者器成而釁以血所以厭變怪禦妖釁釁鐘之釁謂之釁釁亦治亂謂之亂之類也云天府云上春釁寶鐘及寶器者寶鐘寶器玉瑞玉器之美上春孟春也又言釁謂以殺牲以血血之也蓋釁之法其來有自矣周之所釁又非止此而已如大司馬於軍器小子於邦器小人於畿器雞人於雞大祝逆牲小祝祈號皆在所釁也注愛嗇也正義曰釋文云嗇愛澀也字法從來亩來麥也來者亩而藏之故田夫謂之嗇夫亩音廩書云嗇夫馳是也○注百鈞三千斤也○正義曰律歷志云銖兩斤鈞石本起於黃鍾之重一龠容千二百黍重十二銖二十四銖爲兩十六兩爲斤三十斤爲鈞重一千五百二十銖四鈞爲石

重百二十斤以此推之則百鈞是三千斤也○注太山北海近齊○正義曰案地理志云齊地南有太山城陽北有千乘清河是也○注權銓衡至度物也○正義曰權重衡平衡所以任權而均物平輕重也釋文云銓平木器又曰銓衡也權稱錘也度者分寸尺丈引也所以度長短也本起於黃鍾之長以子穀巨黍中者子穀穀子在地即黑黍中者不大不小言黑黍穀子大小中者率爲分寸一黍之廣度之九十分黃鍾之長爲十分十分爲寸十寸爲尺十尺爲丈十丈爲引法用銅高一寸廣二寸長一丈而分寸尺丈存焉○注八口之家次上農夫○正義曰王制制農田百畝百畝之分上農夫食九人其次食八人孟子云一夫百畝百畝之糞上農夫食九人上次食八人是也此云八口之家所以特指次上農夫者而已斯亦舉其次而見上下之意耳

孟子注疏解經卷第一下　南昌縣知縣陳煦栞

孟子注疏卷一下校勘記　阮元撰盧宣旬摘錄

梁惠王章句上　趙氏注　孫奭疏十行本各上篇下及下篇上下

卷題名如此

魏之嗣王也閩監毛三本同廖本孔本韓本足利本魏作梁

操柄之威閩監毛三本同廖本孔本韓本柄作秉○按秉柄古今字古書柄多用秉者

沛然下雨音義出沛字云字亦作霈按初學記引此文正作霈

以苗生喻人歸也閩監毛三本岳本孔本韓本同宋本考文古本歸作象

夏之五六月也閩監毛三本韓本同廖本孔本考文古本無也字

章指言定天下者一道韓本足利本作仁政孔本作一道仁政而已而已不貪殺人人則歸之是故文王視民如傷此之謂也

襲謚也至儀　閩本同監毛本儀上有威字

齊不用乃適梁　閩監毛三本同廖本孔本韓本考文古本作不用而去乃適於梁岳本足利本無齊字

欲以仁義爲首篇　閩監毛三本孔本同宋本廖本韓本無爲字

然後道齊之事　閩監毛三本同宋本考文古本作然後道齊也廖本岳本孔本韓本足利本事下有也字

頌述宓義　義字誤閩監毛三本作羲廖本孔本韓本考文古本足利本作戲音義出宓戲

不欲使王問霸者之事　閩監毛三本同宋本廖本孔本韓本考文古本作不欲使王問霸事也

而黎民懷之　閩監毛三本同宋本廖本孔本韓本無而字

可以保民閩監毛三本同廖本孔本韓本保作安

將以釁鍾宋九經本咸淳衢州本閩本同孔本韓本監毛本鍾作鐘下及注同音義出鍾與知此經亦當作鍾

上春釁寶鍾閩本同宋本岳本孔本韓本監毛本作鐘按鍾當依周禮作鎮形相涉而誤

不知誠充之否閩監毛三本同廖本孔本韓本考文古本充作有

不忍故易之也閩監毛三本孔本韓本足利本同考文古本無也字

無怪百姓謂王愛財也閩監毛三本同廖本孔本韓本謂上有之字

無傷於仁各本同考文古本仁作牛

時未見羊閩監毛三本同廖本孔本時上有王字

何能足以合於王也閩監毛三本同宋本廖本孔本韓本考文古本無合於二字

挾太山以超北海各本同音義出以超云超或作趨

少者恥見役　廖本孔本韓本考文古本足利本同閩監毛三本改見爲是非也

敬我之老　廖本孔本韓本同閩監毛三本我作吾非

言其易也　閩監毛三本同宋本廖本孔本韓本考文古本無其字

享也享天下國家之福　孔本韓本閩毛本同監本享作亨蒲鏜云誤

但舉已心加於人而已　閩本同監毛本心作以形近而誤宋本廖本孔本韓本考文古本而已作耳

可以量長短　宋本廖本岳本孔本韓本同閩監毛三本量作度考文古本亦作量量短下有也字按音義云度之待各切注稱度度心度物皆同不云度長短是音義本亦當作量改爲度者閩本之誤監毛二本因而不革也

尤當爲之甚者也　閩監毛三本孔本同韓本足利本無當字

將欲以求吾心所大欲者耳　閩本考文古本同宋本廖本孔本韓本吾作我廖本監毛本耳作矣

遂因而陳之　閩監毛三本同宋本廖本孔本韓本考文古本因而作緣以

故發異端以問之也　孔本閩監毛三本同韓本考文古本無之字山井鼎云古本問作明恐非

臨莅中國　閩監毛三本韓本同岳本廖本孔本考文古本足利本作莅臨

而安四夷者也　閩監毛三本孔本同韓本考文古本無者字

固不可以敵强大　閩監毛三本同宋本孔本韓本考文古本足利本作固不如强大

猶鄒欲敵楚也　閩監毛三本同宋本廖本孔本韓本考文古本無也字

蓋亦反其本矣　閩監毛三本孔本同韓本足利本蓋作盍周廣業孟子四考曰按史記孔子世家夫子蓋少貶焉檀弓子蓋慎諸並以盍爲蓋

蓋當反王道之本耳 閩監毛三本同宋本廖本孔本考文古本無耳字韓本無當字耳字韓本考文古本蓋作盍山井鼎云似非

誰能止之也 閩監毛三本同宋本廖本孔本韓本考文古本也作者

吾惛不能進於是矣 石經惛作惽

無恒產而有恒心者 石經恒諱作恒下同

人常有善心也 閩監毛三本同廖本考文古本有下有所字孔本韓本人下有所字

則不能守其常善之心也 閩監毛三本同宋本廖本孔本韓本考文古本無也字

放辟邪侈 侈音義云丁作移案考工記梟氏侈弇之所由興注故書侈作移又儀禮少牢篇移袂又禮記衣服以移之是移爲侈之假借字

是罔民也 各本同音義罔民丁作司民下同按丁本司當讀爲伺司伺古通用○按依趙注則是罔字丁作司

者非道本也

樹之以桑石經樹諱作植

章指言興籍攸載帝王道純桓文之事譎正相紛撥亂反正聖意弗珍韓本考文古本作稱故曰後世無傳未聞仁不施人猶不成德釁鍾易牲考文古本牲誤牲民不被澤王請嘗試欲踐其跡考文古本作路荅以反本惟是爲要此蓋孟子不屑道之言也

齊威公小白閩監本同毛本威作桓

通財鬻貨曰商閩本同監毛本財作利

莊公八年左傳王閩本同按王當作云監毛本改作云是也

十四年此文之下十行本有脫頁閩本亦缺閩本出於十行本此其證也

孟子注疏卷一下挍勘記

奉新趙儀吉挍

孟子注疏解經卷第二上

梁惠王章句下 凡十六章 趙氏注 孫奭疏

[疏]正義曰此卷趙氏分別爲第二卷也故云梁惠王章句下今據此卷章指凡十六章一章言人君田獵以時鍾鼓有節與民同樂二章譏王廣囿專利以嚴刑陷民三章言聖人樂天事小以勇安天下四章言與天下同憂樂者不爲慢遊恣溢之行五章言齊王好色好貨孟子推以公劉太王好貨色與民同之六章言君臣上下各勤其任無墮其職七章言人君進賢退惡八章言孟子云紂以崇惡失其尊名九章言任賢使能不遺其學十章言征伐之道在順民心十一章言伐惡養善無貪其富以小王大十二章言上恤其下下赴其難惡出於已害及其身十三章言事無禮之國不若得民心與之守死善道十四章言君子之道正已在天強暴之來非已所召獨善其身而已十五章言太王居邠權也效死弗去義也十六章言讒邪構賢賢者歸於天不尤人也凡十六章合上卷七章是梁惠王篇有二十三章矣故各於卷首總列其章目而分別其指焉

莊暴見孟子曰暴見於王王語暴以好樂暴未有以對也曰好樂何如莊暴齊臣也不能決知之故無以對而問曰王好樂何如孟子曰王之好樂甚則齊國其庶幾乎王誠能大好古之樂齊國其庶幾治乎他日見於王曰王嘗語莊子以好樂有諸孟子問王有是語不王變乎色曰寡人非能好先王之樂也直好世俗之樂耳變乎色慍恚莊子道其好樂也王言我不能好先聖王之樂直好世俗之樂謂鄭聲也曰王之好樂甚則齊其庶幾乎今之樂猶古之樂也甚大也謂大要與民同樂古今何異也曰可得聞與王問古今同樂之意寧可得聞邪曰獨樂樂與人樂樂孰樂孟子復問王獨自作樂樂邪與人共聽其樂爲樂邪曰不若與人王曰獨聽樂不如與衆共聽之爲樂

也曰：「與少樂樂，與衆樂樂，孰樂？」孟子復問王與少之人共聽樂樂邪。衆人共聽樂樂也。曰：「不若與衆。」王言不若與衆人共聽樂爲樂。「臣請爲王言樂。孟子欲爲王陳獨樂樂與衆人樂樂狀。今王鼓樂於此，百姓聞王鍾鼓之聲，管籥之音，舉疾首蹙頞而相告曰：『吾王之好鼓樂，夫何使我至於此極也？父子不相見，兄弟妻子離散。』鼓樂者，樂以鼓爲節也。管，笙。籥，簫。或曰籥若笛，短而有三孔。《詩》云：「左手執籥。」以節衆也。疾首，頭痛也。蹙頞，愁貌。言王擊鼓作樂，發賦徭役，皆出於民，而德不加之，故使民愁也。今王田獵於此，百姓聞王車馬之音，見羽旄之美，舉疾首蹙頞而相告曰：『吾王之好田獵，夫何使我至於此極也？父子不相見，兄弟妻子離散。』此無他，不與民同樂也田獵無節以非時取牲也羽旄之美但飾羽旄使之美好也發民驅獸供給役使不得休息故民窮極而離散奔走也今王鼓樂於此百姓聞王鍾鼓之聲管籥之音舉欣欣然有喜色而相告曰吾王庶幾無疾病與何以能鼓樂也百姓欲令王康彊而鼓樂也今無賦斂於民而有惠益故欣欣然而喜也今王田獵於此百姓聞王車馬之音見羽旄之美舉欣欣然有喜色而相告曰吾王庶幾無疾病與何以能田獵也此無他與民同樂也王以農隙而田不妨民時有憫民之心因田獵而加撫恤之是以民悅之也今王與百姓同樂則王矣孟子言王何故不大好樂效古賢君與民同樂則可以王天下也何惡莊子之言王之好樂也【疏】莊暴見孟子至則王矣○正義曰此章言人君田獵以時鍾鼓有節與民同樂也莊

暴見孟子曰暴見於王王語暴以好樂暴未有以對也者莊暴齊臣也莊姓也暴名也言莊暴見孟子謂暴朝見於齊王王語暴以好樂之事暴是時未有言以對荅之曰好樂何如者故莊暴問孟子以謂王之所以好樂是如之何孟子曰王之好樂甚則齊國其庶幾乎者孟子荅莊暴之問也言齊王之好樂至甚則齊國庶幾其治安乎他日見於王曰王嘗語莊子以好樂有諸者是孟子自見莊暴言好樂之後他一日見於齊王而問之曰王嘗與莊子語以好樂之事還有此言否乎孟子稱莊子不稱曰暴者是孟子尊王之臣故不欲稱其名也王變乎色曰寡人非能好先王之樂也直好世俗之樂耳者是齊王自孟子問之後變其常容而有憤怒之色蓋憤莊暴言己之好樂於孟子也故荅孟子曰寡人不能好古聖王之樂古聖王之樂如黃帝之咸池堯之大章舜禹之韶夏商周之濩武是也但能直好世俗樂耳如鄭衛之聲是也曰王之好樂甚則齊其庶幾乎者孟子復對王而言也言王之好樂至甚則齊幾乎治安孟子言齊國其庶幾乎以對莊子對之齊王則止曰齊其庶幾乎者蓋對莊子則稱其國及對齊王故不必稱國焉耳今之樂猶古之樂者是孟子見齊王言不能好先王之樂直好世俗之樂故以此言今之樂亦若古之聖王樂也但其要在能與民同聽樂爲樂耳遂以此

問之曰可得聞與者是齊王問孟子言古今之樂一同寧可得而聞知之與曰獨樂樂與人樂樂孰樂者是孟子欲以此問王使王知與民同樂樂爲樂也故問之曰王獨作樂爲樂耶與人同樂爲樂耶曰不若與人者是齊王荅孟子亦以爲獨樂樂不若與人同樂爲樂也曰與少樂樂與衆樂樂孰樂者是孟子復問王與少人同樂爲樂與衆人同樂爲樂孰樂耶曰不若與衆者齊王亦復荅孟子以爲不若與衆人同樂爲樂也臣請爲王言樂孟子於此知齊王亦識與衆同樂之意乃爲王陳其獨樂與衆同樂之効故不待王問而自請言之也今王鼓樂於此至與民同樂也者皆孟子陳獨樂與衆樂樂之文也言今王鼓作其樂於此國也百姓之人聞王鍾鼓之聲與管籥之音舉皆疾痛其頭又蹙頞愁悶而交相告曰我王之好作樂爲樂發賦徭役使我至於此之極也父子不得以相見兄弟妻子又皆離散之以其如此故百姓所以頭痛蹙頞愁悶也又言今王田獵於此國百姓之人聞王車馬之音見羽旄之美好舉皆蹙頞愁悶疾痛其首而交相告曰我王之好田獵禽獸如何使我供給役使不得休息而至於如此之極父子不得以相見兄弟妻子皆離散之然則王之鼓樂田獵而百姓皆如此者無他事焉是王之不與民同其樂也言今王鼓樂於此國百姓聞王鍾鼓之聲管籥之音

舉皆欣欣然有喜色而交相告曰我王庶幾無疾病也何以能鼓樂於此言百姓皆欲之○康强不特止於庶幾無疾病也苟即庶幾近於無疾病則王亦何以能鼓樂也又言今王田獵禽獸於此國百姓之人聞王車馬之音見羽旄之美好舉皆欣欣然有喜色而交相告曰我王即庶幾近於無疾病又何以能田獵也此言又欲王之康强不特止於庶幾無疾病也然則王之鼓樂田獵百姓皆如此欲王之康强者無他事焉是王能與民同其樂也言今之王能與民同樂爲樂則爲之王者矣云鼓樂者蓋鍾以止爲體鼓以作爲用故凡作樂所以謂之鼓樂也云音與聲者蓋鍾鼓言聲以其聲之單出故云聲也管籥車馬言音以其音之雜比故云音也然車馬亦謂之音者蓋升車則馬動馬動則鸞鳴鸞鳴則和應故也聲之與音合而言之則聲音則一也别而言之則單出爲聲雜比爲音詩云嘒嘒管聲此言管籥之音是聲音之通論也齊王悦南郭先生吹竽廪食以數百人喜鄒忌鼓琴卒授之國政是安知與衆樂樂邪此孟子所以陳其與民同樂之意也○注鄭聲也○正義曰論語云鄭聲淫以其能惑人心也孔傳云鄭聲惑人心共與雅樂同也○注鼓樂至百姓愁○正義曰周禮鼓人掌教六鼓以節聲樂鍾師掌金奏注云以鍾鼓奏者先擊鍾次擊鼓以奏九夏夏大也樂之大歌有九

王夏肆夏昭夏納夏章夏齊夏族夏祴夏驁夏凡九夏是也故附于此云管箛籥簫或曰籥若笛而有三孔者案禮圖云笙長四尺諸管參差亦如鳥翼爾雅曰大笙謂之巢小者謂之和郭璞爾雅云二十三管爲簫風俗通云舜作竹簫以象鳳翼周禮笙師掌教吹籥後鄭云籥如笛有三孔是也詩云左手執籥蓋邶詩簡兮之篇文也注云籥六孔言碩人多才藝又能籥舞言文武備也釋云首頭也頞鼻頸也言齊王擊鼓作樂其使民徭役苦楚皆蹙其鼻頸而愁悶也○注田獵至奔走也○正義曰釋云獵田也蒐狩苗獮是也案魯隱公五年左傳云春蒐夏苗秋獮冬狩皆於農隙講武事也杜預曰蒐索擇取不孕者苗爲苗除害也獮殺也以殺爲名順秋氣也狩圍守也冬物畢成獲則取之無所擇也羽旄者案左傳魯襄公十四年范宣子假羽旄於齊定公四年晉人假羽旄於鄭杜預曰以析羽爲旌爲王者斿車之所建也又案司常九旗之數又有全羽析羽釋云全羽析羽直有羽而無帛也云天時不如地利地利不如人和盡公孫丑篇文也

齊宣王問曰文王之囿方七十里有諸王言聞文王苑囿方七十里寧有之孟子對曰於傳有之於傳文有是言曰若是其

大乎王怪其大曰民猶以爲小也言文王之民尚以爲小也曰寡人之囿方四十里民猶以爲大何也王以爲文王在岐山之時雖爲西伯土地尚狹而囿已大矣今我地方千里而囿小之民以爲寡人之囿爲大何故也曰文王之囿方七十里芻蕘者往焉雉兔者往焉與民同之民以爲小不亦宜乎芻蕘者取芻薪之賤人也雉兔獵人取雉兔者言文王聽民往取禽獸刈其芻薪民苦其小是其宜也臣始至於境問國之大禁然後敢入言王之政嚴刑重也臣聞郊關之內有囿方四十里殺其麋鹿者如殺人之罪郊關齊四境之郊皆有關則是方四十里爲阱於國中民以爲大不亦宜乎設陷阱者不過丈尺之間耳今王陷阱乃方四十里民言其大不亦宜乎

【疏】齊宣王至不亦宜乎○正義曰此章譏王廣囿專利

嚴刑陷民也齊宣王問曰文王之囿方七十里有諸者是宣王嘗聞文王有囿方闊七十里故見孟子問之還是有之否孟子對曰於傳有之者孟子荅之以爲書傳之文有言也曰若是其大乎者宣王怪之以爲文王囿如此之闊大民猶尚以爲之小也曰寡人之囿方四十里民猶以爲大何也者宣王又問孟子言寡人之囿但方闊四十里而民猶尚以爲之大是如之何其差也曰文王之囿方七十里芻蕘者往焉雉兔者往焉與民同之民以爲小不亦宜乎者孟子言文王之囿方闊七十里而採芻草薪木之賤人與獵雉鳥兔獸者皆得往其中而有所取之是其與民同共之故民以爲小不亦宜乎也臣始至於境問國之大禁然後敢入者孟子對王稱臣言自臣始初至於王之齊境問其王國禁令然後乃敢入其國中也臣聞郊關之内有囿方四十里殺其麋鹿者如殺人之罪則是方四十里爲阱於國中民以爲大不亦宜乎者孟子言自臣入王郊關之内乃聞王有苑囿方四十里之廣其有於中殺其麋鹿者如殺其人之罪而科之如此則是王爲阱陷方四十里之廣於國中以陷其民也故民以爲大不亦宜之乎凡此是皆孟子譏王之專利而不與民同也傳云天子之囿方百里大國四十里次國三十里小國二十里文王之國百里之國或者以謂有七十之里爲苑囿是如之何

其差殊不知文王百里之國是其始封之時制也七十里之囿乃文王作西伯之時有也周制上公封四百里其食者三之一豈七十里之囿特止山川不可食之地與彼有子虛者以謂楚地方千里而囿居其九是可食之地亦鞠爲遊畋之地耶是安知周制之法與○注云文王在岐山之時雖爲西伯土地尚狹而囿以大者○正義曰案鄭玄詩譜云周之先公曰太王者避狄難自豳始遷焉商王帝乙之初命其子王季爲西伯至紂又命文王典治南國江漢汝墳之諸侯是文王繼父之業爲西伯於岐邑也商之州長曰伯謂爲雍州伯也子夏云王季以九命作伯於西文王因之亦爲西伯焉論語云三分天下有其二以服事殷是時宜七十里之囿而民猶以爲小也○注郊關齊四境之郊皆有關者○正義曰周官閭師掌國中及四郊之人民司馬法曰王國百里爲郊二百里爲州三百里爲野四百里爲縣五百里爲都載師掌任土之法以宅田士田賈田任近郊之地以官田牛田賞田牧田任遠郊之地杜子春云五十里爲近郊百里爲遠郊云四境郊皆有關者蓋四郊之門也

齊宣王問曰交鄰國有道乎問與鄰國交接之道

孟子對曰有欲爲王陳古聖王之比也**惟仁者爲能以大事**

小是故湯事葛文王事昆夷葛伯放而不祀湯先助之祀詩云昆夷兌矣惟其喙矣謂文王也是則聖人行仁政能以大事小者也惟智者爲能以小事大故大王事獯鬻勾踐事吳獯鬻北狄彊者今匈奴也大王去邠避獯鬻越王勾踐退於會稽身自宦事吳王夫差是則智者用智是故以小事大而全其國也以大事小者樂天者也以小事大者畏天者也樂天者保天下畏天者保其國詩云畏天之威于時保之聖人樂行天道如天無不蓋也故保天下湯文是也智者量時畏天故保其國大王勾踐是也詩周頌我將之篇言成王尚畏天之威於是時故能安其太平之道也王曰大哉言矣寡人有疾寡人好勇王謂孟子之言大不合於其意荅之云寡人有疾在於好勇不能行聖賢之所履也對曰王請無好小勇夫撫劍疾視曰彼惡敢當我哉此匹夫

之勇敵一人者也疾視惡視也撫劍瞋目曰人安敢當我哉此一匹夫之勇足以當一人之敵者也王請大之詩云王赫斯怒爰整其旅以遏徂莒以篤周祜以對于天下此文王之勇也文王一怒而安天下之民詩大雅皇矣之篇也言文王赫然斯怒於是整其師旅以遏止往伐莒者以篤周家之福以揚名於天下文王一怒而安民願王慕其大勇無論匹夫之小勇而已書曰天降下民作之君作之師惟曰其助上帝寵之四方有罪無罪惟我在天下曷敢有越厥志尚書逸篇也言天生下民爲作君爲作師以助天光寵之也四方善惡皆在己所謂在予一人天下何敢有越其志者也一人衡行於天下武王恥之此武王之勇也衡橫也武王恥天下一人有橫行不順天道者故伐紂也而武王亦一怒而安天下之

民今王亦一怒而安天下之民民惟恐王之不好勇也孟子言武王好勇亦則文王一怒而安天下之民也今王好勇亦則武王一怒而安天下之民民恐王之不好勇耳王何爲欲小勇而自謂有疾也

疏自齊宣王至惟恐王之不好勇也○正義曰此章言聖人樂天賢者知時仁者必有勇也齊宣王問曰交鄰國有道乎者是宣王問孟子以交接鄰國其有道乎孟子對曰有者孟子欲陳古之聖王而比之故荅之曰有道也惟仁者爲能以大事小是故湯事葛文王事昆夷至于時保之者是皆孟子陳古之聖王而比之之○文也言惟有仁者之君乃能以大而奉事其小是故葛國之伯不祭祀而湯且遺之牛羊而助之是湯事葛也文王西有昆夷之患而以采薇薄伐肆不殄厥慍是文王事昆夷也昆夷西戎之國也惟智者乃能以小奉事其大是故太王去邠避狄始事之以皮幣珠玉犬馬而不免是大王事獯鬻也勾踐退會稽身自官事吳王夫差是勾踐事吳也勾踐越王也以大奉事其小是樂行天道如天無不覆者也以小奉事其大以其量時畏天者也故樂天者如湯文遂能安天下畏天者如太王勾踐遂能安其國故詩之周頌我將之篇有云畏天之威于時保之蓋言成王能欽畏上天

之威故能安持盈守成太平之道也此孟子所以引之而證其言王曰大哉言矣寡人有疾寡人好勇者宣王謂孟子之言大不合已意故荅之曰大哉言矣以言其寡人有疾而疾在於好勇也對曰王請無好小勇夫撫劍疾視曰彼惡敢當我哉此匹夫之勇敵一人者也者是孟子又荅宣王言宣王也今請之無好其小勇也夫按劍瞋目疾視而號於衆曰彼安敢當敵我哉此則一匹夫之小勇只可以抵敵於一人者也故曰王請大之也詩云王赫斯怒爰整其旅以遏徂莒以篤周祜以對于天下者此詩大雅皇矣之篇文也孟子所以引此者蓋欲言文王之勇而陳于王也故曰此文王之勇也其詩蓋言文王赫然大怒以整其師旅以止往伐莒以篤厚周家之福以揚天下之名也言文王亦一怒而安天下之民者謂文王亦以此一怒而安天下之民也書曰天降下民作之君作之師惟曰其助上帝寵之四方有罪無罪惟我在天下曷敢有越厥志者此周書之文也孟子所以又引此書云者蓋又欲言武王之勇而陳于王也言天生下民而立之君師以治以教之惟曰其在助相上帝寵安四方有善有惡皆在我天下安有敢違越其志者也一人衡行於天下武王恥之此武王之勇也者一人指紂而言之也言紂一人縱橫逆行其道而不順其天故武王心愧恥之於是伐紂也凡此是

武王之大勇也而武王於是亦一怒而安天下之民故曰武王亦一怒而安天下之民今王亦一怒而安天下之民民惟恐王之不好勇也者孟子言今王若能如文王武王一怒而安天下之民則天下之民惟恐王之不好勇也○注葛伯不祀至小者也○正義曰書云葛伯不祀湯始征之孔安國云葛國也伯爵也湯居亳與葛爲鄰葛伯不祀湯使人遺之牛羊又不祀湯又使人往爲之耕是其助之也詩云昆夷兌矣惟其喙矣謂文王也者蓋引大雅緜之篇文也箋云昆夷狄國也見文王之使者將士衆過已國則惶怖驚走奔突入柞棫之中而逃甚困劇也又云駾突也喙困也趙注引此而證以解作文王事昆夷大與詩注不合又云大王避狄文王伐昆夷成道興國其志一也是文王未嘗事之也今孟子乃曰文王事昆夷者昆夷西戎之國也詩之采薇云文王之時西有昆夷之患注云昆夷西戎也是也今據詩之箋云乃曰伐昆夷與孟子不合者蓋文王始初事之卒不免故伐之也始初之時乃服事殷之時也趙注引昆夷兌矣惟其喙矣蓋失之矣○注獯鬻至其國也○正義曰案匈奴傳云唐虞以上有山戎獫狁獯戎居于北邊夏道衰公劉變于西戎邑于西戎邑于豳其後三百餘戎狄攻大王亶父亶父走于岐山後至六國遂爲匈奴是也云越王勾踐退會稽而身自官事

吳王夫差者案史記世家云吳王闔廬十五年伐越至吳王夫差元年悉以精兵伐越敗之越王勾踐乃以甲兵五千人棲於會稽請委國爲臣妾是也賈逵曰會稽山名也○注周頌我將之篇至太平之道○正義曰箋云于時於是也言成王畏天之威於是得安文王之道是其解也○注疾視至敵也○正義曰莊書云蓬頭突鬢瞋目而語此庶人之勇無異於鬭雞一旦命已絕矣是與此同意○注大雅至小勇○正義曰案大雅皇矣之篇其文乃曰以遏徂旅今孟子乃曰以遏徂莒者又案春秋魯隱公二年書莒子盟于密則莒者密之近地詩言密之衆孟子言密之地其旨同也○注尚書逸篇○正義曰案周書泰誓篇今有云天佑下民作之君作之師惟其克相上帝寵綏四方有罪無罪予曷敢有越厥志孔安國云寵綏四方言當能助寵安天下越遠也言已志欲爲民除惡見與否不敢遠其志趙注乃以其助上帝寵之而斷其句以四方爲下文則其意俱通故二解皆錄焉○注衡横也至伐紂也○正義曰周書泰誓篇云惟十有一年武王伐紂是也釋文云衡横也

齊宣王見孟子於雪宮王曰賢者亦有此樂乎雪宮離宮之名也宮中有苑囿臺池之飾禽獸之饒王自多有此樂故問曰賢者亦。有此之樂乎孟子對曰：有人不得則非其上矣。不得而非其上者非也，爲民上而不與民同樂者亦非也。有人不得人有不得其志也。不責己仁義不自修而責上之不用己，此非君子之道。人君適情從欲，獨樂其身而不與民同樂，亦非在上不驕之義也。樂民之樂者，民亦樂其樂；憂民之憂者，民亦憂其憂。言民之所樂，君與之同，故民亦樂使其君有樂也。民之所憂者，君亦助之憂，故民亦能憂君之憂，爲之赴難也。樂以天下，憂以天下，然而不王者，未之有也。言古賢君樂則以己之樂與天下同之，憂則以天下之憂與己共之，如是未有不王者。孟子以是荅王者，言雖有此樂，未能與人共之。昔者齊景公問於晏子曰：吾欲觀於轉附、朝儛，遵海而南，放於琅邪，吾何脩而可以比於先王觀也？孟子言往者齊景公嘗問其相晏子若此也。轉附、朝儛皆山名也又言朝水名也遵循也放至也循海而南至於琅邪琅邪齊東境上邑也當何修治可以比先王之觀遊乎先王先聖王也晏子對曰善哉問也天子適諸侯曰巡狩巡狩者巡所守也諸侯朝於天子曰述職述職者述所職也無非事者春省耕而補不足秋省斂而助不給言天子諸侯出必因王事有所補助於民無非事而空行者也春省耕補耒耜之不足秋省斂助其力不給也夏諺曰吾王不遊吾何以休吾王不豫吾何以助一遊一豫爲諸侯度晏子道夏禹之世民之諺語也言王者巡狩觀民其行從容若遊若豫豫亦遊也遊亦豫也春秋傳曰魯季氏有嘉樹晉范宣子豫焉吾王不遊吾何以得見勞苦蒙休息也吾王不豫我何以得見賑贍助不足也王者一遊一豫行恩布德應法而出可以爲諸侯之法度也今也不然師行而糧食飢者弗食勞者弗息睊睊胥

讒民乃作慝今也者晏子言今時天下之民人君行。師興軍皆遠轉糧食而食之。有飢不得飽食者勞者致重亦不得休息在位在。職者又睊睊側日相視更相讒惡民由是化之而作其慝惡也方命虐民飮食若流流連荒亡爲諸侯憂方猶逆。也逆。先王之命但爲虐民之政恣意飮食若水流之無窮極也謂沈湎于酒熊蹯不熟怒而殺人之類也流連荒亡皆驕君之溢行也言王道虧諸侯行霸由當相匡正故爲諸侯憂也

從流下而忘反謂之流從流上而忘反謂之連從獸無厭謂之荒樂酒無厭謂之亡先王無流連之樂荒亡之行惟君所行也言驕君放遊無所不爲或浮水而下樂而忘反謂之流若齊桓與蔡姬乘舟於囿之類也連。引也使人徒引舟舡上行而忘反以爲樂故謂之連書曰罔水行舟丹朱慢遊是。好無水而行舟豈不引舟於水上。而行乎此其類也從獸無厭若羿之好田獵無有厭極以亡其身故謂之荒亂也樂酒無厭若殷紂以酒喪國也故謂之亡言聖人之行無此四者惟君所

欲行也晏子之意不欲使景公空遊於琅邪而無益於民也**景公說，大戒於國，出舍於郊，於是始興發補不足。**景公說晏子之言也。戒備也。大修戒備於國，出舍於郊，示憂民困。始興惠政，發倉廩以賑貧困不足者也。**召大師曰：「爲我作君臣相說之樂。」蓋徵招、角招是也。**大師，樂師也。徵招、角招，其所作樂章名也。**其詩曰：『畜君何尤？』畜君者，好君也。」**其詩，樂詩也。言臣說君謂之好，何尤者，無過也。孟子所以導晏子、景公之事者，欲以感喻宣王，非其矜夸雪宮而欲以苦賢者。

【疏】「齊宣王」至「好君也」。○正義曰：此章言與天下同憂者，不爲慢遊之樂，不循肆溢之行也。齊宣王見孟子於雪宮者，雪宮，離宮之名也，中閒有池囿，言宣王在雪宮之中而見孟子來至也。王曰賢者亦樂此乎者，是宣王稱孟子爲賢者，問之孟子亦嘗有此雪宮之樂也。云乎者，亦未知孟子可否若何，所以云乎而疑之之辭也。亦梁惠王在沼上而問孟子賢者亦樂此乎同意。孟子對曰有人不得則非其上矣至然而不王者未之有也者，孟子荅宣王之言，而欲宣王有此雪宮之樂在與民同其樂也。故言有爲人下者不得此樂則必非謗其上矣爲人下者既不得此樂而以非謗其上非也以其不可也無他是不知命與分定故也爲民之上者既有此樂而不與下民同其樂亦非也以其亦不可也無他是不知義而失之於驕也蓋爲之君在民之上凡有所樂皆出於民之賦役而成之也豈可驕之哉故曰亦非也苟爲君能以民之所樂而爲已之樂則在下之民見君之所樂亦樂之而不敢非謗也以民之所憂而已亦爲憂之則在已有所憂而在下之民亦分憂之矣凡此皆君民憂樂施報之効也故曰在上爲君者凡有所樂與天下之民同其樂凡有所憂天下之民同其憂然而天下不歸往而爲之王者未之有也言其無也昔者齊景公問於晏子曰吾欲觀於轉附朝儛遵海而南放於琅邪吾何脩而可比於先王觀也至好君也者是皆孟子引景公問晏子晏子告景公之言而諭齊宣王也昔往也齊景公齊莊公之後景公杵臼是也魯襄公二十六年立在位五十八年薨轉附朝儛皆山名也又云朝水也言往者齊景公嘗問於晏子曰我欲遊觀於轉附朝儛循海而南至於琅邪我何以修治而可以比効於先聖王之遊觀也晏子齊景公之相齊大夫也姓晏名嬰者晏子荅曰善哉王之問也乃言天子往於諸侯謂之巡狩巡狩者謂巡諸侯爲天子所守土也如歲二月東巡狩五月

南巡狩八月西巡狩十一月北巡狩是也諸侯朝覲於天子謂之述職述職者謂述已之所守職如春朝以圖天下之事夏宗以陳天下之謨秋覲以比邦國之功冬遇以協諸侯之慮是也然此皆無非事而已春則省察民之耕而食不足者則補之如周禮旅師春頒其粟是也秋則省察民之收而有力不足者則助之如遂師巡其稼穡而移用其民以救時事是也凡如此是皆下之所以有望於上而巡也故夏禹之世民俗諺有曰我王不遊我何以得其休息我王不豫我何以得助其力此先聖王所以一遊一豫而爲諸侯之法度也統而言之則遊與豫皆巡行也別而言之則遊者有所縱至於適也豫者有所適而至於樂也故於遊則未至於豫豫則不止於遊也今也景公則不如此其興師行軍皆遠轉糧食而食之有飢之民而不得飽食有勞乏之民則不得休息在位者皆睊睊然側目相視而非其上而下民又皆作爲邪慝也故方命虐民飲食若流流連荒亡爲諸侯憂方逆也凡物圓則行方則止行則順止則逆所謂方命虐民者是逆先王之命而下則暴虐民人也凡遊豫補助皆先王之命也今則方命而虐民又飲食無窮極而若水之流蓋流連荒亡四行皆爲諸侯之所憂也以其皆能喪亡其身而已故流者是從流下而忘反之謂也如齊桓與蔡姬乘舟於囿是也連者從流

上而忘反之謂也如書曰罔水行舟若丹朱是也荒者從獸無厭之謂也如羿之好田獵無有厭極以亡其身是也亡者樂酒無厭之謂也如殷紂以酒喪國是也故曰從流下而忘反謂之流從流上而忘反謂之連從獸無厭謂之荒樂酒無厭謂之亡以其晏子自解之耳言先王無流連之樂荒亡之行惟君所行也者謂古之先王無此流連之極樂荒亡之溢行惟獨在君所行也君者指景公而言也景公自知已小有流連之樂大有荒亡之行遂一聞晏子之言而喜悦之景公所以說者以其能悟而改過也乃大戒勅於國而○敢慢其事出舍於郊而不敢寧其居於是能興發倉廩而補贍其不足者又召樂師之官曰爲我作君臣相說之樂以作徵招角招是也必作其徵招角招之者蓋徵以爲事角以爲民皆以招名之曰亦舜作歌以康庶事鼓琴歌南風以阜民財之意也此所以謂之徵招角招矣又引樂詩曰畜君何尤畜君者好君也所以說君所以好君何有其過也故又曰畜君者是好君也凡此言皆晏子所言是其畜君者也孟子引此詩宣王亦欲宣王如景公說晏子之言而悟之也○注轉附朝儛至邑也正義曰云轉附朝儛皆山名今案諸經並未詳據梁時顧野王釋云濰水名出南陽恐悞濰爲儛他並未詳云琅邪爲齊東南上邑者案地理志云齊地東有琅邪南越志云琅邪邑

名是也○注沈湎于酒熊蹯不熟怒而殺人者○正義曰注云羲和湎淫亂往征之孔安國云羲和氏世業天地四時之官自唐虞至三代世職不絶承太康之後沈湎于酒過差非度又曰紂沈湎冒亂敢行暴虐孔安國傳云沈湎者酒春秋魯宣公二年晉靈公不君厚斂以彫牆從臺上彈人而觀其避丸也宰夫胹熊蹯不熟殺之寘諸畚使婦人載以過朝釋云胹煮也畚草器也○注齊桓與蔡姬乘舟於囿正義曰案魯僖公三年左傳云齊侯與蔡姬乘舟于囿蕩公公怒杜預曰蔡姬齊侯夫人蕩搖也囿苑也蓋魚池在苑中耳○注書云罔水行舟若丹朱慢遊者○正義曰案書益稷篇云無若丹朱傲惟慢遊是好傲虐是作罔晝夜頟頟罔水行舟朋淫于家用殄厥世孔安國云丹朱堯之子傲戲而爲虐無晝夜常頟頟肆惡無休息習於無水陸地行舟言無度羣淫於家妻妾亂用是絶其世不得似○注羿之好田獵無有厭極以亡其身○正義曰案書云太康尸位以逸豫滅厥德黎民咸貳乃盤遊無度畋于有洛之表十旬弗反有窮后羿因民弗忍距于河孔注曰有窮國名羿諸侯名距太康於河不得入遂廢之魯襄公四年左傳云事録在梁惠王首章賈逵曰羿之先祖世爲射官故帝嚳賜羿弓矢使司射淮南子云堯十日並出堯使羿射九日而落之歸藏易云羿彈十日凡此其

說羿爲諸侯名皆難取信欲言帝嚳時有羿堯時亦有羿則羿是善射之號非爲人名信如是則不知言以羿爲窮國君號爲諸侯者何也○注殷紂以酒喪國○正義曰案史記云殷王紂樂戲於沙丘以酒爲池以肉爲林使男女裸相逐其間爲長夜之飲百姓怨望而諸侯有畔於是有炮烙之法後爲武王所伐是也○注徵招角招樂章也○正義曰凡宫商角徵羽蓋樂之五聲也晉志云宫土音數有八十一爲聲之始屬土者以其最清者也君之象也宫亂則荒其君驕商金音三分徵益一以生其數七十二屬金者以其濁次宫臣之象也商亂則詖其官壞也角木音三分羽益一以生其數六十四屬木者以其清濁中人之象也亂則憂其人怨也徵火音三分宫去一以生其數五十四屬火者以其微清事之象也亂則哀其事勞也羽水音三分商去一以生其數四十八屬水者以其最清物之象也亂則危其財匱也凡此乃爲樂章之名也然則景公所以作角徵樂以其爲民爲事也○注文王不敢盤于遊畋也○正義曰注云此者蓋引周書無逸之篇文也孔注云文王不敢盤于遊畋者是不敢樂於遊逸田獵者也故錄此焉

齊宣王問曰人皆謂我毀明堂毀諸已乎謂泰山下明堂本周天子東巡狩朝諸侯之處

也齊侵地而得有之人勸齊宣王諸侯不用明堂可毀壞故疑而問於孟子當毀之乎已止也孟子對曰：夫明堂者，王者之堂也。王欲行王政，則勿毀之矣。言王能行王道者則可無毀也王曰：王政可得聞與？王言王政當何施其法寧可得聞對曰：昔者文王之治岐也，耕者九一，仕者世祿，關市譏而不征，澤梁無禁，罪人不孥。言往者文王爲西伯始行王政使岐民修井田八家耕八百畝其百畝者以爲公田及廬井故曰九一也紂時稅重文王復行古法也仕者世祿賢者子孫必有土地關以譏難非常不征稅也陂池魚梁不設禁與民共之也孥妻子也詩云樂爾妻孥罪人不孥惡惡止其身不及妻子也老而無妻曰鰥，老而無夫曰寡，老而無子曰獨，幼而無父曰孤。此四者，天下之窮民而無告者。文王發政施仁，必先斯四者。言此四者皆天下之窮民而文王常恤鰥寡存孤獨也詩云：哿矣富人，哀此煢獨。詩小雅正月之篇。哿，可也。詩人言居今之世可矣富人，但憐憫此煢獨羸弱者耳。文王行政如此也。王曰：善哉言乎！善此王政之言。曰：王如善之，則何爲不行？孟子言王如善此王政，則何爲不行也。王曰：寡人有疾，寡人好貨。王言我有疾，疾於好貨，故不能行。對曰：昔者公劉好貨，詩云：乃積乃倉，乃裹餱糧，于槖于囊。思戢用光，弓矢斯張，干戈戚揚，爰方啓行。故居者有積倉，行者有裹囊也，然後可以爰方啓行。王如好貨，與百姓同之，於王何有？詩大雅公劉之篇也。乃積穀於倉，乃裹盛乾食之糧於槖囊也。思安民，故用有寵光也。戚，斧；揚，鉞也。又以武備之，曰方啓行道路。孟子言公劉好貨若此，王若則之，於王何有不可也。王曰：寡人有疾，寡人好

色王言我有疾疾於好色不能行也○對曰昔者太王好色愛厥妃

詩云古公亶父來朝走馬率西水滸至于岐下

爰及姜女聿來胥宇當是時也內無怨女外無

曠夫王如好色與百姓同之於王何有詩大雅緜之篇也亶

父大王名也號稱古公來朝走馬遠避狄難去惡疾也率循

也滸水涯也循西方水滸來至岐山下也姜女大王妃也於

是與姜女俱來相土居也言太王亦好色非但與姜女俱行

而已普使一國男女無有怨曠王如則之與百姓同欲皆使

無過時之思則於王何有○正義曰

之政何有不可乎○【疏】此章言齊王好貨色孟子推以公

劉大王好貨色責難於君也齊宣問曰人皆謂我毀明堂毀

諸已乎者是齊王問孟子以爲在國之人皆謂勸我毀壞其

明堂今毀壞之已而勿毀壞乎魯太山下有明堂後爲齊侵

其地故齊有明堂齊宣王尚疑之所以問也孟子對曰夫明

堂者王之堂也王欲行王政則勿毀之矣者孟子欲使宣王

行王政所以勸之勿毀耳王曰王政可得聞與者是宣王問

孟子以謂王政之法寧可得而聞知之歟對曰昔者文王之治岐也耕者九一仕者世祿關市譏而不征澤梁無禁罪人不孥至必先斯四者是孟子對荅宣王爲王政之法也言往者文王爲西伯行政自岐邑耕者皆以王井田之法制之一夫受私田百畝八夫家計受私田八百畝井田中百畝是爲公田以其九分抽一分爲公以抵其賦稅也仕者不特身受其祿而至子孫之世亦與土地祿焉關而司關司市之所但譏問之不令姦人出入而不征取其稅川澤魚梁之所但與民共之而不設禁止之法罪人但誅辱止其一身而不誅辱其妻子孥妻子也老而無妻曰鰥老而無夫曰寡老而無子曰獨幼而無父曰孤凡此鰥寡孤獨四者是皆天下之民窮而無告者也文王發政施仁必先及此四者焉無告者以其鰥寡孤獨單隻上下無所告者之人也是皆孟子言文王在岐邑之時爲王政之法如此而已詩云哿矣富人哀此煢獨者哿可也蓋詩之小雅正月之篇文也其意蓋言當今之世可矣富人但先哀憫此煢獨羸弱者耳孟子所以引之謂其文王行政是如此也故援之以荅宣王王曰善哉言乎者是宣王問孟子荅之以文王行王政之法而善其言也故曰善哉言乎曰王如善之則何爲不行者孟子言王如能善此王政之言則何爲不行此也王曰寡人有疾寡人好貨者宣王言

我有疾疾在於好貨財也昔者公劉好貨詩云至於王何有者孟子引公劉好貨故詩有大雅公劉之篇文而荅于宣王也言往者公劉好其貨財其詩盖謂乃積穀于倉乃裹乾食之糧於橐囊之中其思在於輯和其民以光顯于時張其弓矢執其干戈斧鉞告其士卒曰爲女方開道路而行如此故居者有穀積于倉行者有糧褁于囊然後可以曰方開道路而行王如能好貨與民人同之亦若公劉之如此則於王也何有不可云橐囊者大曰囊小曰橐也爰曰也王曰寡人有疾寡人好色者是宣王又言我有疾疾在於好色也對曰昔者太王好色愛厥妃詩云至於何有者是孟子又引太王好色故詩大雅緜之篇文也荅宣王也亶父大王名也古公號也言往者太王好色愛厥妃其詩盖謂古公亶父來朝走馬而避惡且早又疾急循西水涯而至于岐山之下曰與姜女自來相土居如此故當是之時內無怨女外無曠夫皆男女嫁娶過時者謂之怨女曠夫也女生向內故云內男生向外故云外王如能好色與百姓同之亦若大王之如此則於王也又何有不可姜女大姜也是太王之妃也○注謂太山下明堂至已止也○正義曰案地理志云齊南有太山史記封禪書云舜二月東巡狩至于岱宗岱宗太山也遂覲東后又云此山黄帝之所常遊自古受命帝王未有睹符瑞見而不

臻乎太山也云太山下明堂本周天子東巡狩朝諸侯之地案禮記明堂位云明堂者明諸侯之尊卑昔殷紂亂天下脯諸侯以享諸侯是以周公相武伐紂武王崩成王幼弱周公踐天子之位六年朝諸侯於明堂七年致政於成王成王封周公於曲阜令魯世世祀周公以天子之禮樂然則太山下明堂即周公朝諸侯之處蓋魯封內有太山後嘗爲齊所伐故齊南有太山文中子云如有用我者當處於太山矣注云太山黃帝有合宮在其下可以立明堂之制焉禮器云魯人將有事於上帝必先有事於郊宮齊人將有事於太山必先有事於配林則太山在齊明矣案周制明堂云周人明堂度九尺之筵東西九筵南北七筵堂崇一筵五室凡室二筵賈釋云明堂者明政教之堂又夏度以步殷度以尋周度以筵是王者明政也周堂高九尺殷三尺以一相參之數而卑宮室則夏堂高一尺矣又上注云堂上爲五室象五行以宗廟制如明堂明堂中有五天帝五人神之座皆法五行以五行先起於東方故東北之堂爲木其實兼水矣東南火室矣兼木西南金室兼火西北水室兼金以中央太室有四堂四角之室亦皆有堂乃知義然也賈釋太史閏月下義云明堂路寢及宗廟皆有五室十二堂門是也四角之堂皆於太室外接四角爲之則五室南北止有二筵東西角二筵有六尺

乃得其度若聽朔皆於時之堂不於木火等室居若閏月則闔門左扉立其中而聽朔焉○注往者文王爲西伯至妻子也○正義曰史記云古公亶父爲獯鬻戎狄所攻遂去邠踰梁山止於岐下古公少子季歷生昌有聖瑞立季歷以傳昌昌立是爲西伯西伯陰行善諸侯皆來徐廣曰文王九十七乃崩云修井田八家八百畝以爲公田者亦依孟子云方里而井井九百畝是也小司徒佐大司徒當都鄙三等之菜地而爲井田經云九夫爲井四井爲邑四邑爲丘四丘爲甸四甸爲縣四縣爲都以任役萬民使營地事而貢軍賦出車徒又菜地之中每一井之田出一夫之稅以入於官也故曰九一也云紂時稅重者史記云紂爲人資辨捷疾聞見甚敏材力過人手格猛獸智足以拒諫言足以飾非好酒淫樂嬖於婦人愛妲已於是厚賦稅以實鹿臺之財盈鉅橋之粟是紂時稅重也關譏不征稅魚梁不設禁者周禮司關國凶札則無關門之征猶譏司市國凶荒則市無征而作布澤虞掌國澤之政令爲之厲禁川衡以時舍其守犯禁者執而罰之司厲男子入于罪隸女子入于舂槀此而推之則關市非無征也澤梁非無禁也罪人非不孥也而文王必皆無者蓋亦見文王權一時之宜不得不然耳故孟子於宣王之一時亦以此引之以救弊矣○注詩小雅正月之篇者○注云哿可也

獨單也箋云此言王政如是富人已可憐獨困也○注詩大雅公劉之篇也至不可也○正義曰注云公劉居於邰而遭夏人亂迫逐公劉公劉乃辟中國之難遂平西戎而遷其民邑於豳焉乃積乃倉言民事時和國有積倉也小曰橐大曰囊思輯用光言民相與和睦與顯於時也箋云公劉乃有積倉積委及倉也安安而能遷積而能散爲夏人迫逐已之故不忍鬭其民乃裹糧食於橐囊之中棄其餘而去思在和其人民用光其道爲今子孫之基又毛注云戚斧也揚鉞也張其弓矢秉其干戈戚揚以方開道路去之蓋諸侯之從者十有八國焉箋云干盾也戈句孑戟也爰曰也公劉之去邰整其師設其兵器告其士卒曰爲方開道而行明已之遷非爲迫逐之故乃欲全民也○注詩大雅緜之篇也至不可乎正義曰緜詩興也緜緜不絶貌也毛注云古公亶父也古言久也亶父字或因以名言質也古公處豳狄人侵之事之以皮幣不得免焉事之以犬馬不得免焉事之以珠玉不得免焉乃屬其耆老而告之曰狄之所欲者吾土地吾聞君子不以所養人者害人於踰梁山邑于岐山之下居焉率循也滸水涯也姜女大姜也胥相也宇居也箋云來朝走馬言其辭惡早且疾也循西水涯漆水側也爰於也及與也聿自也於是與其妃大姜自來相可居者著大姜之賢知也

卷終

孟子注疏卷二上挍勘記

阮元撰盧宣旬摘錄

孟子注疏解經卷第二上 自此至不如與衆共樂之樂十行本缺今所出者據閩本

梁惠王章句下 監毛本此下有正義一段閩本無案十行本缺一頁計其篇幅當有正義閩本無者蓋李元陽所見十行本已有缺頁別據經注本補足故無僞疏也又各卷卷上篇題下並有凡幾章字閩監毛本此卷獨缺蓋經注本本無也又按此下正義是監本所補監本若別有注疏本可據不應脫漏凡幾章字然則十行本及閩本所缺之正義而監毛本有者疑是僞中之僞也

有是語不○ 監毛本孔本韓本足利本同考文古本不作否按古可否字祇作不

先聖王之樂也 監毛本同宋本孔本韓本足利本無聖字

由古之樂也 監毛本韓本同石經宋本岳本咸淳衢州本孔本考文古本由作猶

問古今同樂之意 孔本韓本考文古本足利本同監毛本樂作異

寧可得聞之與　監毛本同宋本孔本韓本考文古本之與作邪廖本與作邪

與少人共聽樂　宋本廖本孔本韓本考文古本同閩監毛三本少下有之字案十行本少下空一字之字係閩本誤增監毛本仍其誤也

衆人共聽樂樂也　廖本閩監毛三本同宋本孔本韓本衆上有與字

與衆人共聽樂爲樂　閩監毛三本同宋本無爲字廖本考文古本下有也字孔本韓本爲樂作樂也

與衆人樂樂　閩監毛三本同宋本岳本無下樂字廖本孔本韓本考文古本下樂字作之

籥若笛短而有三孔　閩監毛三本孔本韓本同考文古本笛短作短笛足利本與古本同籥作篇

故使民愁也　閩監毛三本同宋本廖本孔本韓本考文古本作故使百姓愁

有憫民之心　閩監毛三本同宋本廖本孔本韓本憫作愍

是以民悅之也　閩監毛三本同廖本孔本韓本考文古本無之字

王之好樂也　閩監毛三本同宋本岳本廖本孔本韓本無之字

章指言人君田獵以時鐘鼓有節發政行仁民樂其事則王道之階在於此矣故曰天時不如地利地利不如人和矣　考文古本矣作也

其國及對齊王　自此至則爲之王者矣監本脫一頁而板心數不缺蓋承刊諸人之謬也毛本據別本補足故第四頁下有又四一頁

言百姓皆欲之康强　毛本同閩本之作王

則聲音則一也　閩監毛三本無下則字

其與雅樂同也 補毛本同明監本其作不是也

文王在岐山之時 閩監毛三本同岳本無之字廖本考文古本山作豐宋本孔本韓本岐山之時作岐豐時

而囿以大矣 閩本同孔本韓本監毛本以作巳○按以巳古通用此處自作巳爲長

寡人之囿爲大 閩監毛三本同宋本孔本韓本無之字爲字廖本無爲字

民言其大 閩監毛三本同宋本廖本孔本韓本考文古本言作苦

章指言譏王廣囿專利嚴刑陷民也

古聖王之比也 閩監毛三本比作交誤宋本無也字廖本王作賢岳本孔本韓本考文古本王作賢無也字

文王事昆夷 閩監毛三本同音義石經廖本孔本韓本作混夷按詩緜混夷駾矣皇矣箋患夷即混夷與此

經正合作昆非也

湯先助之祀 閩監毛三本孔本足利本同韓本考文古本先作見按先字是也

故太王事獯鬻 閩監毛三本同音義石經廖本孔本韓本太作大音義云後大師大王放此是經文皆作大作太者非

北狄強者 考文古本同閩本孔本韓本作彊監毛本作疆按唐人彊弱字通用彊強勉強字作強宋人避所諱多作彊監毛作疆乃疆界字非也

身自官事 閩監毛三本同孔本韓本考文古本官作臣

聖人樂行天道 閩監毛三本同廖本孔本韓本行天作天行

在於好勇 閩監毛三本同宋本廖本考文古本在作疾孔本韓本足利本在於作疾在

此一匹夫之勇 閩監毛三本同宋本廖本孔本韓本考文古本無匹字足利本無之字按以一夫釋

匹夫不得云一匹

無論匹夫之小勇而已　閩監毛三本同宋本廖本孔本韓本考文古本無而巳二字無者是

章指言聖人樂天賢者知時仁必有勇勇以討亂而不爲暴則百姓安之

而此之之文也　閩監毛三本之之文作湯文是也

變于西戎邑于西戎邑于豳　閩監本同毛本無邑于西戎四字乃據漢書刪是也

其後三百餘戎狄攻太王亶父　閩監本同毛本百餘作百有餘歲亦據漢書改

賢者亦有此之樂乎　閩監毛三本同宋本亦下有能字廖本無之字孔本韓本考文古本作賢者亦能有此樂乎

人有不得其志也　閩監毛三本同宋本廖本孔本韓本考文古本無其字也上有者字足利本也

作者

適情從欲 閩監毛三本孔本韓本足利本同考文古本從作縱音義出從欲云本亦作縱

君亦助之憂 閩監毛三本同宋本孔本韓本考文古本作君助憂之廖本之憂作憂之

放於琅邪 閩監毛三本同石經孔本韓本於作于

齊東境上邑也 閩監毛三本同廖本孔本韓本東下有南字按疏引境作南字朱子注同是此注有脫也

可以比先王之觀遊乎 閩監毛三本同廖本孔本韓本觀遊作遊觀

先聖王也 閩監毛三本同宋本廖本孔本韓本考文古本王上有之字

補耒耜之不足 閩監毛三本同宋本岳本孔本韓本補作閒

遊亦豫也 閩監毛三本同宋本岳本廖本孔本韓本考文古本無此四字○按無者是

吾何以得見勞苦 閩監毛三本同孔本韓本考文古本吾作我

睊睊胥讒 音義出睊睊云字亦作詛

行師興軍 閩監毛三本同宋本岳本廖本孔本韓本考文古文作興師行軍

而食之 閩監毛三本孔本同韓本足利本無之字

有飢不得飽食者 閩監毛三本同廖本孔本韓本無者字

在位在職者 閩監毛三本同宋本孔本韓本考文古本無在職二字

而作其慝惡也 閩監毛三本同宋本廖本孔本韓本考文古本無其字

方猶逆也 閩監毛三本同廖本孔本韓本考文古本逆作放

逆先王之命 閩監毛三本同宋本先王上有不用二字廖本逆作放棄孔本韓本考文古本作放棄不用先王之命

惟君所行也　石經無行字

連引也　閩監毛三本同廖本孔本韓本考文古本連下有者字

是好無水而行舟　閩監毛三本同宋本廖本岳本孔本韓本無是好二字

豈不引舟於水上而行乎　閩監毛三本同宋本孔本韓本考文古本上而作而上

以振貧困不足者也　閩監毛三本振作賑非宋本廖本孔本韓本考文古本困作下

召太師曰　石經太作大

謂之好　閩監毛三本同宋本岳本孔本韓本好下有君字

導晏子景公之事者　閩監毛三本同廖本孔本韓本導作道○按道導古今字古書多用道

非其矜夸雪宮　宋本廖本孔本韓本考文古本同閩監毛三本夸作誇誤增言旁

而欲以苦賢者　閩監毛三本韓本同廖本孔本考文古本苦作若形相涉而誤也

章指言與天下同憂者不爲慢遊之樂不循四孔本韓本作肆是也

溢之行是以文王不敢盤于遊田也

天下之民同其憂閩監毛三本天上有與字是也毛本憂誤作一

而敢慢其事閩監毛三本敢上有不字是也閩本不敢字擠是閩本增也

怒而殺一人者閩本同監毛本者作之類也

用是絕其世不得似閩監毛三本似作嗣

以其最清者也明監毛本同按清當作濁今改正

其事際也際字模糊閩監毛三本如此

文王不敢盤于遊畋也此章指末句注無此文

入勸齊宣王閩監毛三本同宋本孔本韓本考文古本無齊字

而文王常恤鰥寡閩監毛三本同宋本廖本孔本韓本無而字

但憐憫此煢獨閩監毛三本同宋本廖本孔本韓本憫作愍

行者有裹囊也宋本孔本同石經閩監毛三本韓本囊作糧案鹽鐵論公劉好貨居者有積行者有囊與裹囊合

又以武備之曰方啟行道路閩監毛三本同宋本廖本孔本韓本考文古本曰作四無行字岳本無行字足利本無之字曰作四

我有疾疾於好色閩監毛三本同宋本岳本疾作病無於字孔本韓本於作在

古公亶父閩監毛三本同石經宋本岳本咸淳衢州本廖本孔本韓本考文古本父作甫注同

非但與姜女俱行而已閩監毛三本同廖本孔本韓本考文古本而已下有也字

章指言夫子恂恂然善誘人誘人以進於善也齊王好貨

好色孟子推以公劉大王所謂責難於君謂之恭者也

齊宣問曰　閩監毛三本宣下有王字是也

詩云至於何有曰　閩監本同毛本曰作者是也

如有我用我者　上我字衍閩本有下空一格是亦以爲衍而剜去之也監毛本無上我字不空格

必先有事於郊宫　補案明監毛本並從禮記作頖宫

注云胥可也　此上脱正義曰三字閩毛本注字作陰文監本注字上加圍非也

孟子注疏卷二上挍勘記

奉新趙儀吉挍

孟子注疏解經卷第二下

梁惠王章句下　　趙氏注　孫奭疏

孟子謂齊宣王曰王之臣有託其妻子於其友而之楚遊者假此言以爲喻比其反也則凍餒其妻子則如之何言無友道當如之何王曰棄之言當棄之絕友道也曰士師不能治士則如之何士師獄官吏也不能治獄當如之何王曰已之已之者去之也曰四境之內不治則如之何境內之事王所當理不勝其任當如之何王顧左右而言他王懃而左右顧視道他事無以荅此言也孟子以此動王心令戒懼也

疏孟子至言他○正義曰此章言君臣上下各勤其任無墮厥職乃安其身也孟子謂齊宣王曰王之臣有託其妻子於其友而之楚遊者是孟子欲以此比喻而諷之也言王之臣下有寄託妻子於交友而往楚國遊戲者比其反也

則凍餒其妻子則如之何者言寄妻子於交友而往楚國在近則反歸而妻子在交友之所皆寒凍其膚飢餒其腹則爲交友之道當如之何凍者寒之過之謂也餒者飢之過之謂也王曰棄之者是宣王荅孟子以爲交友之道既如此當棄去之而不必與爲友也曰士師不能治士則爲如之何者孟子因循又問宣王言爲之獄吏者而不能士治其士則爲士師者當如之何處之王曰已之者言當止之而不可與爲士師也曰四境之内不治則如之何者孟子因循問至於此乃欲諷諫之故問之曰自一國四境之内皆亂而不治則爲之君當如之何處之王顧左右而言他者宣王知罪在諸己乃自慙羞之而顧視左右道其他事無以荅此言也○注士師獄吏也○正義曰士師即周司寇之屬有士師鄉士皆以士爲官鄭玄云士察也主察獄訟之事是士師爲獄官之吏者也

孟子見齊宣王曰所謂故國者非謂有喬木之謂也有世臣之謂也故者舊也喬高也人所謂是舊國也者非但見其有高大樹木也當有累世修德之臣常能輔其君以道乃爲舊國可法則也王無親臣矣今王無可親任之臣昔者所進今日不知

其亡也言王取臣不詳審往日之所知今日爲惡當誅亡王無以名也王曰吾何以識其不才而舍之王言我當何以先知其不才而舍之不用也曰國君進賢如不得已將使卑踰尊疏踰戚可不慎與言國君欲進用人當留意考擇如使忽然不精心意而詳審之如不得己而取備官則將使尊卑疏戚相踰豈可不慎歟左右皆曰賢未可也諸大夫皆曰賢未可也國人皆曰賢然後察之見賢焉然後用之謂選乃臣隣比周之譽核其鄉原之徒論曰衆好之必察焉左右皆曰不可勿聽諸大夫皆曰不可勿聽國人皆曰不可然後察之見不可焉然後去之衆惡之必察焉惡直醜正寔繁有徒防其朋黨以毀忠正也左右皆曰可殺勿聽諸大夫皆曰可殺勿聽國人皆曰

可殺然後察之見可殺焉然後殺之故曰國人殺之也言當慎行大辟之罪五聽三有古者刑人於市與衆棄之如此然後可以爲民父母行此三慎之聽乃可以子畜百姓也

疏孟子見至爲民父母○正義曰此章言人君進賢退惡翔而後集有世賢臣乃爲舊可法則也孟子見齊宣王曰所謂故國者非謂有喬木之謂也者是孟子見齊宣王而問之言人所謂舊國者非謂有高大木而謂之舊國也以其有世世修德之舊臣也故謂之舊國故曰有世臣之謂也故舊也喬高也世臣累世修德之舊臣也王無親臣矣昔者所進今日不知其亡也者孟子言今王無有親任用之臣矣往日所進者今日爲惡而王又不知誅亡之王曰吾何以識其不才而舍之者宣王言我何以知其臣之不才而舍去之而不用也曰國君進賢如不得已將使卑踰尊疏踰戚可不慎歟者孟子言國君進用賢人當留意揀擇如使混然不能精心揀擇但如不得已而取備官職則將使其卑踰尊疏踰戚而殺亂之矣其如是豈可不重慎之歟左右皆曰賢未可也諸大夫皆曰賢未可也國人皆曰賢然後察之見賢焉然後用之至如此然後可以爲民父母者此皆孟子教宣王進

退賢不肖之言也言於進用賢人之際雖自王之左右臣者皆曰此人賢當進用之則王未可進而用之也以至諸大夫皆曰此人之賢當進用之則王又未可進而用之也逮至一國之人皆曰此人之賢當進而用之則王然後詳察亦見其眞足爲賢人故然後進而用之矣如左右皆曰此人不賢不可進用則王莫聽之以至諸大夫皆曰此人不賢不可進用當去之則王亦當莫聽迨至一國之人皆曰此人不賢不可進用當去之則王然後審察之見其眞實不賢不可進用然後去之乃不進用也如左右皆曰此人之罪可以殺之則王又當莫聽以至諸大夫皆曰此人之罪當殺之則王又當勿聽迨至一國之人皆曰此人之罪可以殺之則王然後詳察亦見其人實有可殺之罪故然後方可殺之也無他以其一國之人皆曰可殺而殺之也夫如此則王然後可以爲民父母而子畜百姓矣○注故舊也至可法則也○正義曰釋云故舊也文從古故也詩伐木之篇云出自幽谷遷于喬木注云喬高也故知喬木爲高大之木郭璞云喬樹枝曲卷似鳥羽也書云圖任舊人共政又周任有言曰人惟求舊是故臣之謂也○注鄉原之徒○正義曰語云鄉原德之賊也周氏注曰所至之鄉輒原其人情而爲意以待之是賊亂其德也何晏云一曰鄉向也古字同謂人不能剛毅而見人輒原其

趣嚮容媚而合之言此所以合德也故有三說焉○注大辟之罪五聽三宥○正義曰孔安國傳云大辟死刑也周禮大司寇以五聲聽獄訟求民情一曰辭聽二曰色聽三曰氣聽四曰耳聽五曰目聽鄭注云辭聽者觀其出言不直則煩也色聽者觀其顏色不直則赧然也氣聽者觀其氣息不直則喘也耳聽者觀其聽聆不直則惑也目聽者觀其眸子視不直則眊然也凡此五聽是也三宥者司刺掌三宥一宥曰不識再宥曰過失三宥曰遺忘鄭司農云不識謂愚民無所識則宥之過失若今律過失殺人不坐死鄭玄云遺忘若聞帷薄忘有在焉而以兵矢投射之凡此三宥也○注云行此三愼之聽也蓋指孟子言自左右皆曰賢至國人殺之也者是爲之解也

齊宣王問曰湯放桀武王伐紂有諸有之否乎孟子對曰於傳有之於傳文有之矣曰臣弒其君可乎王問臣何以得弒其君豈可行乎曰賊仁者謂之賊賊義者謂之殘殘賊之人謂之一夫聞誅一夫紂矣未聞弒君也言殘賊仁義之道者雖位在王公將必降爲匹夫故

謂之一夫也但聞武王誅一夫紂耳不聞弒。君也書云獨夫紂此之謂也

〔疏〕齊宣王問至未聞弒君也○正義曰此章言孟子云紂崇惡失其尊名不得以君臣論之欲以深寤宣王垂戒于後也齊宣王問曰湯放桀武王伐紂有諸者是宣王問孟子言商之湯王放其夏王桀於南巢之地周武王伐商王紂於鹿臺之中還是有此言也否乎孟子對曰於傳有之者孟子荅宣王以爲傳文有是言也故書云湯放桀於南巢惟十有一年武王伐紂又史記武王伐紂紂走入登鹿臺蒙衣其珠玉自燔于火而死武王以黄鉞斬紂頭縣大白之旗是也曰臣弒其君可乎者宣王問孟子如是則爲臣下者得以殺其君上豈可乎曰賊仁者謂之賊賊義者謂之殘殘賊之人謂之一夫聞誅一夫紂矣未聞弒君也者孟子荅宣王以謂賊害其仁者名謂之賊賊害其義者名謂之殘名謂殘賊者皆謂之一匹夫也我但聞誅亡其一匹夫紂矣未嘗聞知有弒君者也故尚書有云獨夫紂是其證也

孟子謂齊宣王曰爲巨室則必使工師求大木工師得大木則王喜以爲能勝其任也匠人斲而小之則王怒以爲不

勝其任矣。巨室，大宮也。爾雅曰：宮謂之室。工師，主工匠之吏。吏匠人，工匠之人也。將以比喻之也。

夫人幼而學之，壯而欲行之。王曰姑舍女所學而從我，則何如？姑，且也。謂人少學先王之道，壯大而仕，欲施行其道，而王止之曰：且舍置汝所學而從我之教命，此如何也。今有璞玉於此，雖萬鎰，必使玉人彫琢之。至於治國家，則曰姑舍女所學而從我，則何以異於教玉人彫琢玉哉？二十兩爲鎰。彫琢，治飾玉也。詩云：彫琢其章。雖有萬鎰在此，言衆多也，必須玉人能治之耳。至於治國家，而令從我，是爲教玉人治玉也。教人治玉不得其道，則玉不得美好；教人治國不以其道，則何由能治乎？

【疏】孟子謂齊宣王至玉人彫琢玉哉。○正義曰：此章言任賢使能，不遺其學，則功成而不隳也。孟子謂齊宣王曰：爲巨室則必使工師求大木，工師得大木則王喜，以爲能勝其任也；匠人斲而小之，則王怒，以爲不勝其任矣者，是孟子謂齊宣王言爲大宮，則王必遣使工匠之吏求其大木，工匠之吏求得其大木則王喜以爲工匠之吏能勝其所任用矣則至匠人斵削而小之則王怒以爲匠人不勝其任矣凡此皆孟子將以比喻而言也以其欲使宣王易曉其意也巨室大宫也工師主工匠之吏也又言夫人幼而學之壯而欲行之王曰姑舍女所學而從我則何如者是孟子又言夫人既以幼少而學先王之道及壯大仕而欲施行其幼之所學之道而王乃曰且舍去汝所學之道而從我教命則如之何也今有璞玉於此雖萬鎰必使玉人彫琢之至於治國家則曰姑舍女所學而從我則何以異於教玉人彫琢玉哉者是孟子又復以此而比喻于宣王也言今假有素璞之玉於此雖有萬鎰之多然必使治玉之人彫琢而治飾之耳至於治國家則固當以先王之道治之而曰且舍去女所學而令從我教命則何以有異於教玉人治飾玉哉言其無以異也以其治國家當取學先王之道者乃能治之今乃至於治國家以曰且舍汝所學而從我教命是何以異於此哉蓋巨室則國家比也用人猶制木木則君子之道比也工師則君子比也匠人則人君比也意言治國家必用君子之道施而後治人君反小而用之未有能治國家者也不特若此又有以喻焉璞玉則亦國家比也玉人則亦君子比也意謂璞玉人之所寶也然不敢自治飾之必用使治玉人然後得成美器也若國家則人君

之所寶也然人君不能自治必用君子治之然後安也今也君子不得施所學之道以治國家反使從己所教以治之此亦教玉人彫琢玉同也固不足以成美器適所以殘害之也故孟子所以有此譬之○注巨室大宮也至喻之也○正義曰字林云巨大也白虎通曰黃帝始作宮室是知巨室則大宮也周禮考工記云審曲面埶以飭五材以辨民器謂之工凡攻木之工七攻金之工六攻皮之工五設色之工五刮摩之工五摶埴之工二輪輿弓廬匠車梓凡此者是攻木之工也餘工不敢煩述所謂工師者師範也教也即掌教百工者如漢書云將作少府秦官掌理宮室者是也匠人即斲削之人也風俗通云凡是於事巫卜陶匠是也然則此言匠人者即攻木之匠也○注金二十兩爲鎰○正義曰國語云二十四兩爲鎰禮云朝一鎰米注亦謂二十四兩今注悞爲二十兩

齊人伐燕勝之宣王問曰或謂寡人勿取或謂寡人取之以萬乘之國伐萬乘之國五旬而舉之人力不至於此不取必有天殃取之何如萬乘非諸侯之號時燕國皆侵地廣大僭號稱王故曰萬

乘五旬五十日也書曰朞三百有六旬言五旬未久而取之非人力乃天也天與不取懼有殃咎取之何如

孟子對曰取之而燕民悅則取之古之人有行之者武王是也武王伐紂而殷民喜悅篚厥玄黃而來迎之是以取之也取之而燕民不悅則勿取古之人有行之者文王是也文王以三仁尚在樂師未奔。取之懼殷民不悅故未取之也以萬乘之國伐萬乘之國簞食壺漿以迎王師豈有它哉避水火也如水益深如火益熱亦運而已矣燕人所以持簞食壺漿來迎王師者欲避水火難耳如其所患益甚則亦運行奔走。而去矣今王誠能使燕民免於水火亦若武王伐紂殷民喜悅之則取之。而己

【疏】齊人伐燕勝之至亦運而已矣。○正義曰此章言征伐之道當順民心也齊人伐燕勝之宣王問曰或謂寡人勿取或謂寡人取之至何如者言齊國之人伐燕之人必強勝之齊宣乃問孟子以謂或有人教我勿取此燕國或有人

又教我取之今以萬乘之國伐萬乘之國但五十日足以與舉之非人力所能至此乃天也天與之而勿取必有天殃而禍之今則取之何如故以此問孟子孟子對曰取之而燕民悅則取之古之人有行之者武王是也者是孟子荅齊宣以爲今伐取之燕國而燕國之民悅樂則可以伐取之也古之人有行征伐之道如此國者若武王伐紂是也書曰肆予東征綏厥士女惟其士女篚厥玄黃昭我周王是其武王伐紂之事耳孟子所以引此荅齊宣蓋欲齊宣征伐順民心亦若武王也取之而燕民不悅則勿取古之人有行之者文王是也者孟子又以此荅之齊宣言今欲取之燕國苟燕國之民愁怨而不悅則當勿取之故古之人有欲行征伐之道若此者如文王於紂是也孔子有云文王三分天下有其二猶服事殷是文王於紂之事耳孟子所以又引此荅齊宣者復欲齊宣如文王順民心而未取之耳以萬乘之國伐萬乘之國簞食壺漿以迎王師至亦運而已矣者孟子言今且託以萬乘之國伐取萬乘之國其有以簞食壺漿而來迎王兵師者豈有它事哉蓋欲避去水火之患難耳如若水彌深火彌熱則民亦運行而奔走矣豈來迎王之兵師哉意謂今齊誠能使燕民得免水火之難亦若武王伐紂殷民皆悅樂之則可以取燕也如不然則若文王之於紂故未取之耳云萬乘者

蓋六國之時爲諸侯者皆僭王號故皆曰萬乘云簞笥者案曲禮曰圓曰簞方曰笥飯器也書云衣裳在笥則笥亦盛衣云壺漿者禮圖云酒壺受一斛口徑尺足高二寸徑尺又公羊傳云齊侯唁公于野井國子執壺漿何休云壺禮器腹方口圓曰壺釋名曰漿水也飲也或云漿酒也。注簞厭玄黃正義曰孔安國傳云以筐篚盛其絲帛也禮圖云篚以竹爲之長三尺廣一尺深六寸足高三寸上有蓋也。注萬乘非諸侯之號至如何。正義曰云萬乘非諸侯之號時燕國皆侵地僭號稱王者說在上卷首章書曰朞三百有六旬者案孔安國傳云匝四時曰朞一歲十二月月三十日正三百六十日除小月六日爲六日是爲一歲有餘十二日未盈三歲足得一月則置閏焉是其解也。注武王伐紂至取之也。正義曰書云惟十一年武王伐紂史記云武王伐紂發兵七十萬人距紂師紂師倒兵以戰以闕武王武王馳之紂兵崩叛紂走反入鹿臺蒙衣其珠玉自燔于火而死武王以黃鉞斬紂懸其頭於大白之旗是也。注文王以三仁尚在樂師未奔者。正義曰語云殷有三仁焉蓋微子箕子比干是也呂氏春秋仲冬紀云紂之母生微子啓與仲衍其時猶尚爲妾改而爲妻後生紂紂之父欲立微子啓爲太子太史曰妻之有子不可立妾之子故立紂爲後微子名啓世家曰開孔安國曰微圻內國名子爵爲紂卿士箕子者莊子云箕子名胥餘鄭玄云箕亦在圻內比干者家語曰比干是紂之親則諸父知比干乃紂之諸父也宋世家云箕子乃紂之親戚也言爲親戚又莫知其爲父爲兄也鄭玄王肅皆以箕子爲紂之諸父杜預以爲紂之庶兄皆以意言之耳趙云三仁尚在者蓋文王爲西伯之時三仁尚未之亡去及西伯卒武王東伐至盟津諸侯會者八百皆曰紂可伐武王猶曰爾未知天命紂愈淫亂不止微子諫不聽乃與大師謀遂去比干曰爲人臣者不得不以死諫迺強諫紂紂怒曰吾聞聖人心有七竅剖比干觀其心箕子懼乃佯狂爲奴紂又囚之後因武王乃釋之耳

齊人伐燕取之諸侯將謀救燕宣王曰諸侯多謀伐寡人者何以待之宣王貪燕而取之諸侯不義其事將謀救燕伐齊宣王懼而問之孟子對曰臣聞七十里爲政於天下者湯是也未聞以千里畏人者也成湯修德以七十里而得天下今齊地方千里何畏懼哉書曰湯一征自葛始天下信之東面

而征西夷怨南面而征北狄怨曰奚爲後我民望之若大旱之望雲霓也歸市者不止耕者不變誅其君而弔其民若時雨降民大悅書曰徯我后后來其蘇此二篇皆尚書逸篇之文也言湯初征自葛始誅其君恤其民天下信湯之德面者向也東向征西夷怨王去王城四千里夷服之國也故謂之四夷言遠國思望聖化之甚也故曰何爲後我霓虹也雨則虹見故大旱而思見之徯待也后君也待我君來則我蘇息而已今燕虐其民王往而征之民以爲將拯已於水火之中也簞食壺漿以迎王師若殺其父兄係累其子弟毀其宗廟遷其重器如之何其可也拯所也係累猶縛結也燕民所以悅喜迎王師者冀濟救於水火之中耳今又殘之若此安可哉天下固畏齊之彊也今又倍

地而不行仁政是動天下之兵也言天下諸侯素畏齊彊今復并燕一倍之地以是行暴則多所危是動天下之兵共謀齊也王速出令反其旄倪止其重器謀於燕衆置君而後去之則猶可及止也速疾也旄老耄也倪弱小倪倪者也孟子勸王急出令先還其老小止勿徙其寶重之器與燕民謀置所欲立君而去之歸齊天下之兵猶可及其未發而止之也

【疏】齊人伐燕取之至猶可及止也○正義曰此章言伐惡養善無貪其富以小王大將何懼也齊人伐燕取之諸侯將謀救燕者齊國伐其燕國而取其地天下諸侯皆將謀度救燕國也宣王曰諸侯多謀伐寡人者何以待之者是齊宣見諸侯將謀度救燕國而共伐我乃曰天下多有謀度與燕共伐我者則我當如之何以待它故以此問孟子孟子對曰臣聞七十里爲政於天下者湯是也未聞以千里畏人也者孟子荅齊宣以爲臣嘗聞有地但方闊七十里而能爲王政於天下者如商湯王是也未嘗聞有地方闊千里而猶畏人者也蓋湯爲夏方伯之時但有七十里而後爲天下商王今天下方千里者有九而得其一是齊之有千里地也所以云然書

曰湯一征自葛始天下信之東面而征西夷怨至民大悅者此皆尚書逸亡篇文也今據商書仲虺之誥篇則云乃葛伯仇餉初征自葛東征西夷怨南征北狄怨曰奚爲後予大抵孟子引此者蓋恐齊王爲已之臆說以引此而證之欲使齊宣信之也故言書云湯一征自葛國爲始天下皆信湯王之德後湯東向而征伐則西夷之人思望而怨不先自此而正君之罪南嚮而征伐則北狄之人又皆思望而怨以爲不先自此而正君之罪乃曰何爲後去其我而先向他國而征之故其民望湯之來皆若於大旱而望雲霓如霓不特此也又使歸市者皆不止以其皆得貨易有無也耕于郊野者又不變易其事以言其常得耕作也雖誅亡其君又弔問而存恤其民其如時之旱而雨降民皆悅樂之也書曰徯我后后來其蘇者注云自上文與此皆逸篇之文也今據仲虺之篇有云大抵孟子引此而言者又欲齊王知民如此之慕湯而則法湯也蓋謂民皆喜曰徯待我君來而蘇息我也今燕虐其民王往而征之民以爲將拯已於水火之中也至如之何其可也者是孟子又言今燕國之暴虐其民而王以兵往征伐之民皆以爲王兵之來將拯救已於水火之中如也故以簞食壺漿迎其王師之來今乃若以殺其民之父兄繫縛其民之子弟又毀壞其國中之宗廟使民不得其祀復遷徙其國

中之寶器如之何。可也天下固畏齊之彊也今又倍地而不行王政至可及止也者孟子又言天下之諸侯素畏齊國之彊也今王又并燕國一倍之地而且復不行其王政是所以興動天下諸侯之兵而共伐之也王今即速疾出其命令還其老耄幼小勿遷移其寶器復謀度於燕國之衆爲置立其君而後去之而歸齊則天下諸侯之兵尚可得及止之也。注云去王城四千里夷服之國至蘇也。正義曰周禮九服又案禮圖云自王畿千里至夷服凡四千里是也云霓虹也爾雅云雲出天之正氣霓出地之正氣雄謂之虹雌謂之霓則雲陽物也陰陽和而既雨則雲散而霓見矣。注旄老耄倪弱小倪倪者。正義曰釋云老耄齯案爾雅云黃髮倪齒壽也然則趙注云倪弱小非止幼童之弱小亦老之有弱小爾

鄒與魯鬨穆公問曰吾有司死者三十三人而民莫之死也誅之則不可勝誅不誅則疾視其長上之死而不救如之何則可也鬨鬭聲也猶構兵而鬭也長上軍師也鄒穆公忿其民不赴難而問其罰當謂何則可也孟子對曰凶年饑歲君

之民老弱轉乎溝壑壯者散而之四方者幾千人矣而君之倉廩實府庫充有司莫以告是上慢而殘下也言往者遭凶年之阨民困如是有司諸臣無告白於君有以賑救之是上驕慢以殘賊其下也曾子曰戒之戒之出乎爾者反乎爾者也曾子有言上所出善惡之命下終反之不可不戒也夫民今而後得反之也君無尤焉尤過也孟子言百姓乃今得反報諸臣不哀矜耳君無過責之也君行仁政斯民親其上死其長矣君行仁恩憂民困窮則民化而親其上死其長矣

【疏】鄒與魯鬨至死其長矣。○正義曰此章言上恤其下則下赴其難惡出於己則害及其身如影響也鄒與魯鬨者言鄒國與魯國相鬭也穆公問曰吾有司死者三十三人而民莫之死也誅之則不可勝誅不誅則疾視其長上之死而不救如之何則可也者是鄒穆公問孟子言我國與魯國相鬭戰而有司死者有三十三人而民皆莫之死我今欲誅亡其民不可勝誅不可勝誅者是民衆之多難以誅亡也不誅其民則我惡疾視其長上有司之死而不救之故問孟子當何則可以誅亡也孟子對曰凶年饑歲君之民老弱轉乎溝壑至是上慢而殘下也者孟子荅穆公以爲凶荒之年而民皆飢餓君之民人老羸者轉落死於溝壑之中強壯者又離散之於四方者幾近千人矣而君之倉廩盈實府庫充塞爲君之有司者皆莫以告白其上發倉廩以濟其食之不給開府庫以佐其用之不足如此則有司在民之上而以驕慢殘害其下也曾子曰戒之戒之出乎爾者反乎爾者孟子言曾子有云在戒慎之戒慎之以其凡有善惡之命苟善之出乎爾則終亦以善反歸乎爾也苟出乎爾以惡則其終反歸爾亦以惡也夫民今而後得反之也君無尤焉者孟子言夫民今所以不救長上之死者以其在凶荒饑饉之歲君之有司不以告白其君發倉廩開府庫以救賑之所以於今視其死而不救以報之也然非君之過也是有司自取之爾故曰君無尤焉君行仁政斯民親其上死其長矣者孟子言君能行仁爲政則在下之民皆親其上樂其君而輕其死以爲其長上矣○注閧鬬聲釋云閧鬬也故曰猶搆兵而鬬也

滕文公問曰滕小國也間於齊楚事齊乎事楚乎

文公言我居齊楚二國之間非其所事不能自保也孟子對曰是謀非吾所能及也無已則有一焉鑿斯池也築斯城也與民守之效死而民弗去則是可為也孟子以二大國之君皆不由禮義我不能知誰可事者也不得已則有一謀焉惟施德義以養民與之堅守城池至死使民不畔去則是可以為也

疏滕文公至可為也○正義曰此章言事無禮義國不若得民心與之守死善道也滕文公問曰滕小國也間於齊楚事齊乎事楚乎者是滕文公問孟子言我之滕國則小國也今間廁在齊楚二國之間而我今當奉事齊國乎楚國乎故以此問孟子孟子對曰是謀非吾所能及也無已則有一焉鑿斯池至是可為也者是孟子荅文公以謂若此之謀而指誰國可事非我所能及知也以其齊楚二國皆是無禮義之國孟子所以荅曰是謀非吾所能及也言不得已則有一謀計焉言但鑿此滕國之池築此滕國之城與人民堅守此滕國至死使民不畔去則是一謀可以為也其它非吾所及○

滕文公問曰齊人將築薛吾甚恐如之何則可

齊人幷得薛築其城以偪於滕故文公恐也孟子對曰：「昔者大王居邠，狄人侵之，去之岐山之下居焉。非擇而取之，不得已也。大王非好岐山之下擇而居之，爲迫不得已，困於強暴，故避之。苟爲善，後世子孫必有王者矣。誠能爲善，雖失其地，後世乃有王者，若周家也。君子創業垂統，爲可繼也。若夫成功，則天也。君如彼何哉？強爲善而已矣。」君子創業垂統，貴令後世可繼續而行耳，又何能必有成功？成功乃天助之也。君豈如彼齊何乎？但當自強爲善，法以遺後世而已矣。

疏 「滕文公」至「強爲善而已矣」。正義曰：此章言君子之道正己，在天強暴之來非己所招，謂窮則獨善其身也。「滕文公問曰：齊人將築薛，吾甚恐，如之何則可」者，言齊人幷得薛地，將欲築其城於此，故滕文公恐其偪，乃問孟子當如何則可免爲不見迫。「孟子對曰：昔者太王居邠，狄人侵之，去之岐山之下居焉，非擇而取之，不得已也」者，孟子荅滕文公，以謂往者太王居邠國，後爲戎狄之國所侵伐，遂去之岐山下爲居，焉當此之時非太王擇此岐山之下爲居焉不得已而避狄所侵患故之岐山下爲居耳苟爲善後世子孫必有王者矣者孟子言滕文公誠能爲善修德而布政於民今雖失其薛地至後世子孫必有王者興作矣君子創業垂統爲可繼也若夫成功則天也君如彼何哉強爲善而已矣者孟子又言君子在上基創其業垂統法於後世蓋令後世可以繼續而承之耳若夫其有成功乃天助之也於人又不可必其成功君今豈奈彼齊之大國何但勉強自爲善以遺法於後世也

滕文公問曰滕小國也竭力以事大國則不得免焉如之何則可問免難全國於孟子孟子對曰昔者大王居邠狄人侵之事之以皮幣不得免焉事之以犬馬不得免焉事之以珠玉不得免焉皮狐貉之裘幣繒帛之貨也乃屬其耆老而告之曰狄人之所欲者吾土地也吾聞之也君子不以其所以養人者害

人二三子何患乎無君我將去之去邠踰梁山邑于岐山之下居焉屬會也土地生五穀所以養人也會長老告之如此而去之矣邠人曰仁人也不可失也從之者如歸市言樂隨大王如歸趨於市若將有。得也或曰世守也非身之所能爲也効死勿去君請擇於斯二者或曰土地乃先人之所受也世世守之非己身所能專爲至死不可去也欲令文公擇此二者惟所行也

疏滕文公問曰至擇於斯二者○正義曰此章言大王去邠權也効死守業義也滕文公問曰滕小國也竭力以事大國則不得免焉如之何則可者是滕文公問孟子言我之滕國小國也今竭盡其力以奉事大國則不得免其侵伐當如何則可以免焉孟子對曰昔者太王居邠狄人侵之至事之以珠玉不得免焉者孟子荅文公以謂往太王所居邠國後爲戎狄所侵伐是時也太王事之以皮幣且尚不免其侵伐又事之以犬馬又不得免其侵伐復事以珠玉又且猶不免其侵伐焉乃屬耆老而告之曰至邑于岐山居焉邠人曰

仁人也不可失也從之者如歸市者孟子言大王以皮幣犬馬珠玉奉事戎狄猶不免其侵伐乃會耆老而告之曰狄人所欲者在我之土地也我聞君子不以所養人之土地而殘賊其民汝二三子何憂患乎無君我將去之以讓狄也遂去邠國踰梁山而邑于岐山下居焉邠國之人遂聞大王此言乃曰仁人之君不可失去也故從之者如歸趨於市若將有所得耳或曰世守也非身之所能爲也效死勿去者孟子又言或人有云土地者乃先人之所受也非已身所能爲者也乃世世守之也當效死而不可去也故請文公擇斯二者而處之二者其一如太王去邠其二如或云效死勿去是也○注皮狐貉之裘幣繒帛之貨○正義曰蓋狐貉之皮爲裘也釋云狐貉妖獸也後人以其狐貉性多疑故以皮爲之裘也孔子曰黃衣狐裘又曰狐貉之厚以居是也周禮行人職云合六幣圭以馬璋以皮璧以帛琮以錦琥以繡璜以黼此六物以和諸侯之好鄭注云合同也六幣所以享也是幣即繒帛之貨也云屬會也釋文云會也又曰付也

魯平公將出嬖人臧倉者請曰他日君出則必命有司所之今乘輿已駕矣有司未知所之敢請平諡也嬖

人愛幸小人也公曰將見孟子平公敬孟子有德不敢請召將往就見之曰何哉君所爲輕身以先於匹夫者以爲賢乎禮義由賢者出而孟子之後喪踰前喪君無見焉匹夫一夫也臧倉言君何爲輕千乘而先匹夫乎以爲孟子賢故也賢者當行禮義而孟子前喪父約後喪母奢君無見也公曰諾諾止不出樂正子入見曰君奚爲不見孟軻也樂正姓也子通稱孟子弟子也爲魯臣問公何爲不便見孟軻也曰或告寡人曰孟子之後喪踰前喪是以不往見也公言以此故也曰何哉君所謂踰者前以士後以大夫前以三鼎而後以五鼎與樂正子曰君所謂踰者前以士後以大夫禮士祭三鼎大夫祭五鼎故也曰否謂棺椁衣衾之美也公曰不謂鼎數也以其棺椁衣衾之美惡也曰非所

謂踰也貧富不同也樂正子曰此非薄父厚母令母喪踰父也喪父時爲士喪母時爲大夫大夫祿重於士故使然貧富不同也

樂正子見孟子曰克告於君君爲來見也嬖人有臧倉者沮君君是以不果來也克樂正子名也果能也曰克告君以孟子之賢君將欲來臧倉者沮君故君不能來也

曰行或使之止或尼之行止非人所能也。吾之不遇魯侯天也臧氏之子焉能使予不遇哉尼止也孟子之意以爲魯侯欲行天使之矣及其欲止天令嬖人止之耳行止天意非人所能爲也如使吾見魯侯冀得行道天欲使濟斯民也故曰吾之不遭遇魯侯乃天所爲也臧氏小子何能使我不遇哉

疏 魯平公將出至焉能使予不遇哉○正義曰此章言讒邪構賢賢者歸天不尤人也魯平公將出嬖人臧倉者請曰他日君出則必命有司所之今乘輿已駕矣有司未知所之敢請者魯平公魯國之君也謚曰平嬖人平公愛幸之人也臧嬖人姓也倉名也言魯平公將欲

出見孟子有司皆未知惟臧倉爲平公愛幸之人乃請問之曰所往他日君之所出則必揮命有司同所往今君乘車已駕行矣有司之人皆未知君之所往敢請問之君何所往駕行也之往也公曰將見孟子者魯平公荅臧倉言將欲出見孟子也曰何哉君所爲輕身以先於匹夫者以爲賢乎禮義由賢者出而孟子之後喪踰前喪君無見焉者臧倉者言君今欲見孟子以其爲何往哉君今所爲自輕薄其身以先往見於一匹之夫。夫以謂之爲賢乎臧倉言此謂孟子則一匹之賤夫不足謂之爲賢也故曰禮義之道皆由賢者所出而孟子乃以後喪其母之喪事奢過於前喪其父之喪事請君無更往而見焉倉謂孟子母喪用事豐備父喪用事儉約父母皆已之所親也其喪用事有厚薄者此孟子所以不知禮義也故云禮義由賢者出而孟子之後喪踰前喪君無見焉公曰諾者平公許允止而不出也樂正子入見曰君奚爲不見孟軻也者是日樂正子見平公乘輿既行而止之遂入見平公而問之曰君何爲不往見於孟子也樂正子爲平公之臣亦是孟子之弟子也姓樂正名克稱子者蓋男子之通稱也曰或告寡人曰孟子之後喪踰前喪是以不往見也者平公荅樂正子以謂或有臧倉者告我曰孟子後有母喪用事豐備過於前父之喪用事我是以見其如此遂止其駕而不往見也曰何哉君所謂踰者前以士後以大夫前以三鼎而後以五鼎與者樂正子見平公爲此而不往見孟子乃曰君不往見是爲其何哉君今所謂孟子以後喪過前喪者蓋孟子前喪父之時孟子正爲之士故以士禮用之後喪母之時孟子以爲之大夫故得以大夫禮用之爲其前爲士即得以三鼎之禮祭之其後爲大夫遂得以五鼎之禮祭之故也曰否謂棺椁衣衾之美也者平公以謂否不爲鼎數之有不同也是爲棺椁衣衾被服之美好有前後之不同也曰非所謂踰也貧富不同也者樂正子謂非所謂孟子有過於前也爲其前後貧富之不同也非薄其父厚其母也樂正子見孟子曰克告於君君爲來見也嬖人有臧倉者沮君君是以不果來也者蓋平公先欲見孟子者以其樂正子告之也故樂正自入見平公所問君之不往意已畢乃出而見於孟子遂曰克前告其君嘗言孟子君是以欲往來見之平公愛幸之人有一姓臧名倉者沮止其君所以不能來也曰行或使之止或尼之行止非人所能也吾之不遇魯侯天也臧氏之子焉能使予不遇哉者孟子見樂正子告之以此意遂曰君所欲行天使之行也君所欲止天使之止也臧氏之子安能使我不遇魯侯哉○注平謚也嬖人愛幸小人也○正義曰謚法云法治而清省曰平春秋左傳魯隱公有云嬖人之子杜預

曰嬖親幸也釋云賤而得幸曰嬖○注樂正姓也爲魯臣孟子弟子也○正義曰自微子之後宋戴公四世孫樂莒爲大司寇又左傳宋上卿正考甫之後是樂正皆姓也趙注樂正者爲姓案禮記有正子春是樂正之姓有自矣云孟子弟子者蓋嘗受教於孟子者無非弟子也爲魯臣者蓋非魯平公之臣何以克告於君是以知爲魯臣明矣趙注詳其意故云爲魯臣如於他經書則未詳○注士祭三鼎大夫祭五鼎○正義曰如子路有列鼎之奉主父在漢有五鼎之食是其爵有差也蓋士則爵卑而賤大夫則爵尊而貴孟子前以士後以大夫是其爵命貴賤之不同耳○經云衣衾者蓋衾今之被也案喪大記小斂君錦衾大夫縞士緇凡衾皆五幅鄭注云衾單被也

孟子注疏解經卷第二下

泰和盧氏宣旬校刊

南昌縣知縣陳煦栞

孟子注疏卷二下挍勘記

阮元撰盧宣旬摘錄

章指言君臣上下各勤其任無墮其職乃安其身也

有士師鄉士　補明監本同毛本同案卿當作鄉今改正

王無以名也　閩監本同廖本孔本韓本考文古本名作卿毛本王作我也作之毛本誤也

而詳審之　閩監毛三本同宋本廖本孔本韓本考文古本無此四字

疏戚相踰　閩監毛三本同廖本孔本韓本考文古本足利本疏戚作親疏

豈可不慎歟　閩監毛三本同廖本孔本韓本考文古本作豈可不重慎之

謂選乃臣隣比周之譽　十行本乃字隣字模糊閩監毛三本如此廖本孔本韓本考文古本乃作大隣作防音義出防比

核其鄉原之徒　閩監毛三本原誤愿廖本孔本韓本考文古本無其字

論曰　閩監毛三本同孔本韓本考文古本作論語曰

以毀忠正也　閩監毛三本同宋本岳本廖本孔本韓本足利本無也字考文古本作以毀忠臣

章指言人君進賢退惡翔而後集有世賢臣稱曰舊國則四方瞻仰之以爲則矣

未聞弑君也　石經孔本韓本閩監毛三本同足利本君上有其字非也

不聞弑君也　閩監毛三本同孔本韓本考文古本足利本君上有其字

章指言孟子云　孔本韓本云作言　紂以崇惡失其尊名不得以君臣論之欲以深寤齊王垂戒於後也

主工匠之吏　補此本誤重吏字明監本毛本不誤

將以比喻之也　閩監毛三本同廖本孔本韓本考文古本比作此

先王之道閩監毛三本同廖本孔本韓本考文古本道作正法

此如何也閩監毛三本同廖本孔本韓本考文古本作此何如也

二十兩爲鎰按經注中鎰字皆俗字也當依儀禮喪服作溢溢之言滿也滿於十六兩爲一斤之外也鄭注二十兩爲溢趙同若國語注二十四兩爲鎰此別一説僞疏不了

是爲教玉人治玉也閩監毛三本孔本韓本同足利本無也字

則玉不得美好閩監毛三本孔本韓本同足利本玉下有人字非也

則何由能治乎閩監毛三本同廖本孔本韓本考文古本治下有者字

章指言任賢使能不違其學則功成而不墮屈人之是從已之非則人不成道玉不成圭善惡之致孔本致下有何字是也可不七經孟子考文作不可非察哉

以曰且舍汝所學 以字明監本作而毛本作則毛本是也

朝一鎰米 閩本同監毛本米誤朱按儀禮鎰作溢

樂師未奔 廖本孔本韓本監本同閩毛二本奔作犇下同

故未取之也 閩監毛三本孔本同宋本廖本韓本考文古本無也字

奔走而去矣 閩監毛三本足利本孔本同韓本考文古本無走字

殷民喜悅之則取之而已 閩監毛三本同宋本悅之下有時字廖本則下有可字無而已二字孔本韓本考文古本作殷民喜悅之時則可取之

章指言征伐之道當順民心民心悅則天意得天意得 考文古本不疊此三字 然後乃可以取人之國也

司比干觀其心 閩監毛三本司作剖按剖字是

救燕伐齊　閩監毛三本同廖本孔本韓本考文古本足利本作伐齊救燕

東向征西夷怨王　閩本同廖本孔本韓本監毛本王作者考文云古本怨下有者字則衍一王字矣非也

則我蘇息而已　閩監毛三本足利本同宋本廖本孔本韓本考文古本而已作也

拯所也　宋本廖本孔本韓本考文古本所作濟閩監毛三本所作捄○按所誤字

老耄也　閩監毛三本孔本韓本同廖本耄作旄

弱小倪倪者也　閩監毛三本同孔本韓本倪倪作緊倪案音義出緊字旄倪下云詳注意倪謂緊倪小兒也與今孔韓本合○按依說文釋名作緊婗禮記禨記注作鷖彌此本作倪倪者誤也

而止之也　閩監毛三本孔本韓本同廖本作亡形近而譌

章指言伐惡養善無貪其富以小王大　考文古本王作至足利本作以大王

小夫將何懼也

至猶可及士也　士止之誤閩監毛三本不誤

而望雲霓如霓　補毛本如霓作似多

如之何可也　閩本同監毛本何下有其字

至蘇也　閩本同監毛本也改息

軍帥也　音義本廖本孔本韓本閩本考文古本足利本帥作率按率帥字通監毛二本作師則誤矣

而問其罰當謂何則可也　閩監毛三本同宋本孔本韓本考文古本無則可二字足利本無則也二字

章指言上惜　孔本韓本考文古本作恤　其下下赴其難惡出乎　孔本韓本考文古本作於　巳害及其身如影響自然也

二國之間閩監毛三本同宋本廖本孔本韓本考文古本無二國二字

皆不由禮義閩監毛三本同廖本孔本韓本考文古本無義字

則有一謀焉閩監毛三本同廖本孔本韓本無則字

惟施德義以養民廖本孔本韓本考文古本同閩監毛三本惟誤雖

則是可以爲也閩監毛三本同宋本孔本韓本考文古本作則可爲矣廖本也作矣足利本作則可以爲矣

章指言事無禮之國不若得民心與之守死善道也

擇而居之焉閩監毛三本同廖本孔本韓本考文古本無焉字

困於强暴閩監毛三本同廖本孔本韓本强作彊

後世乃有王者閩監毛三本同廖本孔本韓本考文古本乃下有可字

強爲善而已矣宋本岳本廖本孔本同石經閩監毛三本韓本強作彊

君子創業垂統閩監毛三本同宋本孔本韓本考文古本創作造

成功乃天助之也閩監毛三本孔本同韓本足利本無之字

以遺後世而已矣閩監毛三本同廖本孔本韓本考文古本而已矣作也

章指言君子之道正已任天考文古本作在天強暴之來非已所招謂窮則獨善其身者也

繒帛之貨也閩監毛三本孔本同韓本足利本無也字

而去之矣閩監毛三本同宋本廖本孔本韓本考文古本無矣字

若將有得也閩監毛三本孔本同韓本作若將有所得也考文古本作若將有有得也複有字非

章指言大王去邠權也效死而守業義也義權不並故曰

擇而處之也

非已身所能爲專也閩監毛三本專作者按注云非已身所能專爲則專字是也

樂正姓也閩監毛三本同宋本岳本廖本孔本韓本考文古本無也字

不便見孟軻也閩監毛三本同宋本廖本孔本韓本考文古本無也字

前以士後以大夫禮閩監毛三本同廖本孔本韓本作前者以士禮後者以大夫禮考文古本士下有禮字

曰否石經閩監毛三本孔本韓本同音義出曰否云本亦作不○按古不否不同字後八一之

嬖人有臧倉者沮君石經閩監毛三本孔本韓本同音義出沮字云本亦作阻

止或尼之石經閩監毛三本孔本韓本同音義出尼之云郭璞注爾雅引孟子作此字丁本作𡰥云居字

非人所能也閩監毛三本孔本韓本同岳本能下有爲字

臧氏小子　廖本孔本韓本足利本作臧倉小人閩監毛三本作臧氏之子考文古本作臧倉小子

章指言讒邪構賢賢者歸天不尤人也

以先往見於一匹之夫夫　補案下云則一匹之賤夫此二夫字上夫字當爲賤之譌

案禮記有正子春　補案正上當有樂字

凡衾皆五幅　閩監二本同毛本五作三

孟子注疏卷二下挍勘記

奉新趙儀吉挍

孟子注疏解經卷第三上

公孫丑章句上 凡九章

孫奭疏

趙氏注 公孫丑者公孫姓丑名孟子弟子也丑有政事之才問管晏之功猶論語子路問政故以題篇

疏 正義曰前篇章首論梁惠王問以利國孟子荅以仁義之事故目梁惠王爲篇題蓋謂君爾當以仁義爲首也既以仁義爲首然後其政可得行之是以此篇公孫丑有政事之才而問管晏之功如論語子路問政遂以目爲篇題不亦宜乎故次梁惠王之篇所以揭公孫丑爲此篇之題也此篇凡二十有三章自趙氏分之遂爲上下卷據此上卷有九章而已一章言德流速於置郵君子得時大行其道管晏爲曾西之所羞二章言義以行勇則不動心養氣順道無效揠苗聖人量時賢者道偏孟子究言情理而歸學孔子三章言王者任德霸者兼力四章言國必修政君必行仁禍福由已不專在天當防患於未亂五章言修古之道鄰國之民以爲父母命曰天吏六章言人之行當内求諸已以演大四端充

擴其道上以正君下以榮身七章言各治其術術有善惡禍福之來隨行而作恥爲人役不若居仁治術之忌勿爲矢人八章言大聖之君由取善於人九章言伯夷柳下惠古之大賢猶有所闕其餘十四章趙氏分在下卷各有分說○注公孫姓丑名孟子弟子也至題篇○正義曰自魯桓公之子慶父之後有孟孫氏叔孫氏季孫氏同出三桓子孫衞國有王孫賈出自周頃王之後王孫賈之子自以去王室久改爲賈孫氏故孫氏多焉又非特止於一族也自封公後其子孫皆以公孫爲氏春秋隱公八年無駭卒羽父請謚與族公問族於衆仲衆仲對曰天子建德因生以賜姓公命以字爲展氏杜預曰諸侯之子稱公子公子之子稱公孫公孫之子以王父字爲氏然則公孫氏皆自公子之子後爲氏也今公孫丑其氏有自來矣案史記孟子列傳云孟子退而與萬章公孫丑之徒著述作七篇則公孫丑爲孟子弟子明矣經曰弟子之惑滋甚是也論語第十三篇子路問政子曰先之勞之請益曰無倦集論語者因其問政故以題篇若此公孫丑有政事之才而問管晏之功亦以因其人而題其篇而次之梁惠王也

公孫丑問曰夫子當路於齊管仲晏子之功可

復許乎夫子謂孟子許猶興也如使夫子得當仕路於齊而可以行道管夷吾晏嬰之功寧可復興乎孟子曰子誠齊人也知管仲晏子而已矣誠實也子實齊人也但知二子而已豈復知王者之佐乎或問乎曾西曰吾子與子路孰賢曾西蹵然曰吾先子之所畏也曾西曾子之孫蹵然猶蹵踖也先子曾子也子路在四友故曾子畏敬之曾西不敢比曰然則吾子與管仲孰賢曾西艴然不悅曰爾何曾比予於管仲艴然慍怒色也何曾猶何乃也管仲得君如彼其專也行乎國政如彼其久也功烈如彼其卑也爾何曾比予於是曾西荅或人言管仲得遇桓公○使之專國政如彼行政於國其久如彼功烈卑陋如彼謂不率齊桓公行王道而行霸道故言卑也重言何曾比我恥見比之之○甚也曰管仲曾西之所不爲也而子爲

我願之乎孟子心狹曾西曾西尚不欲爲管仲而子爲我願之乎非丑之言小也曰管仲以其君霸晏子以其君顯管仲晏子猶不足爲與丑曰管仲輔桓公以霸道晏子相景公以顯名二子如此尚不可以爲邪曰以齊王由反手也孟子言以齊國之大而行王道其易若反手耳故譏管晏不勉其君以王業也曰若是則弟子之惑滋甚且以文王之德百年而後崩猶未洽於天下武王周公繼之然後大行今言王若易然則文王不足法與丑曰如是言則弟子惑益甚也文王尚不能及身而王何謂若易然也若是則文王不足以爲法邪曰文王何可當也由湯至於武丁賢聖之君六七作天下歸殷久矣久則難變也武丁朝諸侯有天下猶運之掌也武丁高宗也孟

子言文王之時難爲功故言何可當也從湯以下聖賢之君六七興謂太甲太戊盤庚等也運之掌言其易也。紂之去武丁未久也，其故家遺俗，流風善政，猶有存者；又有微子、微仲、王子比干、箕子、膠鬲，皆賢人也，相與輔相之，故久而後失之也。尺地莫非其有也，一民莫非其臣也，然而文王猶方百里起，是以難也。紂得高宗餘化又多良臣故久乃亡也微仲膠鬲皆良臣也但不在三仁中耳文王當此時故難也齊人有言曰：『雖有智慧，不如乘勢；雖有鎡基，不如待時。』今時則易然也。齊人諺言也乘勢居富貴之勢鎡基田器耒耜之屬待時三農時也今時易以行王化者也夏后、殷、周之盛，地未有過千里者也，而齊有其地矣；雞鳴狗吠相聞，而達乎四境而齊有其民矣地不改辟矣民不改聚矣行仁政而王莫之能禦也三代之盛封畿千里耳今齊地士民。以足矣不更辟土聚民也雞鳴狗吠相聞言民室屋相望而衆多也以此行仁而王誰能止之也且王者之不作未有疏於此時者也民之憔悴於虐政未有甚於此時者也飢者易爲食渴者易爲飲孔子曰德之流行速於置郵而傳命言王政不興久矣民患虐政甚矣若飢者食易爲美渴者飲易爲甘德之流行疾於置郵傳書命也當今之時萬乘之國行仁政民之悅之猶解倒懸也故事半古之人功必倍之惟此時爲然倒懸喻困苦也當今所施恩惠之事半於古人而功倍之矣言今行之易也

〔疏〕公孫丑問曰至惟此時爲然正義曰此章言德流之速過於置郵君子得時大行其道管晏雖勤猶爲曾

西所羞也公孫丑問曰夫子當路於齊管仲晏子之功可復許乎者公孫丑問孟子言夫子得當仕路於齊國則管仲晏子佐桓景二霸之功寧可復興之乎管仲管夷吾也晏子晏嬰也夷吾佐桓公者也晏嬰佐景公者也孟子曰子誠齊人也知管仲晏子而已矣者孟子答公孫丑以謂子實齊國之人也然但能知此二子而止矣孟子答之以此者其意蓋謂丑豈能復知有王者之佐乎或問乎曾西曰吾子與子路孰賢曾西蹵然曰吾先子之所畏也至爾何曾比予於是者孟子又謂嘗有或人問乎曾西曾西曾子之孫也而曰吾子與子路孰賢曾西乃蹵踖而言曰我先子曾子所敬畏者也曰然則吾子與管仲孰賢曾西艴然不悅曰爾何曾比予於管仲者言或人又曰如是則吾子與管仲孰爲賢曾西乃艴然偪怒而不悅曰爾何如乃比我於管仲爲也管仲得君如彼其專也行乎國政如彼其久也功烈如彼其卑也爾何曾比予於是者曾西言管仲得齊桓立爲仲父貴戚不敢爲之妬與高國之位大臣不敢爲之惡內外政皆盡委之斷焉言如此其專也自立位相職至終四十餘年執齊國之政言其行政又如此其久也其終也不過致君爲霸者而已而其功烈只如此之卑也爾故何如乃比我於是之甚焉功烈者蓋致力以爲功成業以爲烈言管仲以力致齊桓則止於爲霸功

以業成就齊桓則亦止爲霸烈故曰功烈如彼之卑也孟子所以引此或人與曾西之言者意在於王佐爲貴也不以霸者之佐爲貴也故曰管仲曾西之所不爲也而子爲我願之乎者孟子言管仲曾西之所不願爲也而子以爲我願比之乎云子者指孫丑而云也曰管仲以其君霸晏子以其君顯管仲晏子猶不足爲與曰以齊王猶反手也者孟子言管仲以佐其君爲霸晏子以佐其君而顯名管仲晏子猶若不足爲耳言我能佐齊國之大而行王道爲王其易則若反覆手掌也故曰以齊王由反手也孟子言此蓋譏管晏二子不能致君行王道耳曰若是則弟子之惑滋甚者公孫丑不曉孟子意在譏管晏二子但爲霸者之佐故於孟子曰如此之言則弟子之蔽惑益甚也弟子者蓋公孫丑自稱爲孟子弟子也且以文王之德百年而後崩猶未洽於天下武王周公繼之然後大行今言王若易然則文王不足法與者公孫丑言今且以文王之德化觀之起自百里之微加之百年之久而後崩喪其尚不能及身而王天下浹洽其德及武王周公繼續之然後德化大行爲王於天下今言以齊王若反手之易是則文王不足以爲之法與曰文王何可當也由湯至於武丁賢聖之君六七作天下歸殷久矣久則難變也武丁朝諸侯有天下猶運之掌也至是以難也者孟子又言文王安可

當也言自湯至於武丁其間賢聖之君六七作故天下德化被民也久恩澤漸入也深而天下之民歸心於殷固以久而難變也是以武丁朝諸侯而有天下若反運手掌之易也武丁高宗也云六七作若太甲太戊祖乙盤庚等是也紂之去武丁未久也其故家遺俗流風善政猶有存者至是以難也者孟子又言自殷紂去武丁之時尚未久故其世嗣續之故家其民習尚之遺俗上之化下其流風之所被善政之所行尚有存者不特此也又有微子微仲王子比干箕子膠鬲數者皆是賢人相與同輔相其紂故紂之失亡亦至久而後失也雖一尺之地莫非紂之所有一民莫非爲紂之臣然而如此尚能自百里之地而興起爲王是以難而不若武丁之易也齊人有言曰雖有智慧不如乘勢雖有鎡基不如待時者孟子又言齊國之人有言云人雖有智慧之才亦不如乘其富貴之勢雖有田器如耒耜之屬亦不如乘三時農務之際也蓋大而知之之謂智小而察之之謂慧鎡基田器之利也言人雖有智慧之才然非乘富貴之勢則智慧之才有所不運比之齊國則今時易以行王道者也故曰今時則易然也夏后殷周之盛地未有過千里者也而齊有其地矣至莫之能禦也者孟子言自夏后殷周三代之盛治其封畿皆方千里未有過千里之地者也而齊國今有其地亦得其千里雞

鳴狗吠相聞而廣達乎四境是其齊國不特有千里之地而已其間雞犬相聞而又有其民相望而衆多也如此土地亦以足矣故不待更廣闢其土地矣民人亦以足矣又不待聚集其民人矣即行仁爲政而王之人莫能禦止之也其王者不作未有疏於此時者也飢者易爲食渴者易爲飲孔子曰德之流行速於置郵而傳命者孟子又言且王者之不興作未有如疏於此時者也而民人憔悴困苦於暴虐之政又未有如極甚於此時者也以若飢餓者食易爲美渴者飲易爲甘矣故孔子有云其德化之流行其速疾又過於置郵而傳書命也郵驛名云境土舍也又云官名督郵主諸縣罰負說文曰境土行書舍也當今之時萬乘之國行仁政民之悅之猶解倒懸也者孟子又言當今齊國之時爲萬乘之國行仁政而及民則民皆喜悅之如得解其倒懸之索也云倒懸者喻其困苦之如此也故事半古之人功必倍之惟此時爲然者孟子又言故於當此之時其施恩惠之事但半於古人其成治功亦必倍過於古人矣故曰惟此當今齊國之時爲能如是也○管夷吾晏嬰○正義曰管仲齊之相也案左傳魯莊公八年桓公殺公子糾召忽死之管仲不死請囚鮑叔受之及堂阜而稅之歸而以告曰管夷吾治於高傒使相之可也杜注云堂阜齊地西北有夷吾亭或曰鮑叔解夷吾縛於

此又云高傒齊卿高敬仲也言管仲治理政事才多於高敬仲遂使相之晏嬰姓晏名嬰齊大夫也語云晏平仲善與人交周注云謚爲平謚法曰法治而清省曰平案左傳文知之是晏桓子之子也相齊景公○注曾西曾子之孫及子路○正義曰曾西爲曾子之孫者經云曾西曰吾先子之所畏也先子是曾子也以祖稱之也即知曾西乃曾子之孫也其他經傳未詳子路孔子弟子姓仲名由字子路卞國人也案史記弟子傳云少孔子九歲性鄙好勇力抗直冠雄雞佩豭豚陵暴孔子孔子設禮誘子路子路後儒服委質因門人請爲弟子云蹵然猶蹙踖者語云蹴踖如也馬注云蹴踖恭敬之貌○注艴然愠怒色○正義曰釋云艴不悦也字從弗色是知即愠怒之色也○注武丁高宗也至易也○正義曰孔安國傳云盤庚弟小乙子名武丁德高可尊始號爲高宗云從湯以下賢聖之君六七作謂太甲太戊盤庚等是也者案史記世表云自湯之後湯太子早卒故立次弟外丙外丙即位二年卒立外丙弟仲壬仲壬即位四年卒伊尹乃立太丁子太甲太甲成湯適長孫也太甲立三年不明伊尹放之桐三年悔過自責反善伊尹乃迎帝太甲授之政太甲修德諸侯咸歸百姓以寧稱爲太宗太宗崩子沃丁立丁崩弟太庚立庚崩子小甲立甲崩弟雍已立殷道衰諸侯或不至已崩弟太

戊立殷道復興諸侯歸之故稱中宗中宗崩子仲丁立丁遷于嚣丁崩弟外壬立壬崩弟河亶甲立殷道復衰甲崩子帝祖乙立乙立殷道復興乙崩子祖辛立辛崩弟沃甲立甲崩兄祖辛之子祖丁立丁崩弟沃甲之子南庚立庚崩祖丁之子陽甲立殷道復衰甲崩弟盤庚立殷道復興諸侯來朝庚崩弟小辛立殷道復衰辛崩弟小乙立乙崩子武丁立殷道復興故號爲高宗是也○注云鎡基田器耒耜之屬○正義曰釋名云鎡基大鋤也云農時者左傳莊公二十九年云凡土功龍見而畢務注云今九月周十一月龍星角亢晨見東方三務始畢火見而致用注云大火心星次角亢見者致築作之物水昏正而栽注云謂今十月定星昏而中於是樹板幹而興作日至而畢注云日南至微陽始動故土功畢若其門戶道橋城郭墻塹有所損壞則隨時修之僖公二十年云凡啓塞從時是也又案七月之詩云三之日于耜四之日舉趾同我婦子饁彼南畝注云三之日夏之正月也四之日周之四月民無不舉足耕矣

公孫丑問曰夫子加齊之卿相得行道焉雖由此霸王不異矣如此則動心否乎加猶居也丑問孟子如使夫子得居齊卿相之位行其道德雖

用此臣位。輔君行之亦不異於古霸王之君矣如是寧動心畏難自恐不能行否耶丑以此爲大道不易人當畏懼之不敢欲行也

孟子曰否我四十不動心孟子言禮四十強而仕我志氣已定不妄動心有所畏也

曰若是則夫子過孟賁遠矣丑曰若此夫子志意堅勇過孟賁賁勇士也孟子勇於德

曰是不難告子先我不動心孟子言是不難也告子之勇未四十而不動心矣

曰不動心有道乎丑問不動心之道云何

曰有孟子欲爲言之

北宮黝之養勇也不膚橈不目逃思以一豪挫於人若撻之於市朝不受於褐寬博亦不受於萬乘之君視刺萬乘之君若刺褐夫無嚴諸侯惡聲至必反之北宮姓黝名也人刺其肌膚不爲橈却刺其目目不轉睛逃避之矣人拔一毛若見捶撻於市朝之中矣褐寬博獨夫被褐者嚴尊也無有尊嚴諸侯可敬者也以惡聲

加己己必惡聲報之言所養育勇氣如是也孟施舍之所養勇也曰視不勝猶勝也量敵而後進慮勝而後會是畏三軍者也舍豈能爲必勝哉能無懼而已矣孟姓舍名施發音也施舍自言其名則但曰舍舍豈能爲必勝哉要不恐懼而已也以爲量敵少而進慮勝者足勝乃會若此畏三軍之衆者耳非勇者也孟施舍似曾子北宮黝似子夏夫二子之勇未知其孰賢然而孟施舍守約也孟子以爲曾子長於孝孝百行之本子夏知道雖衆不如曾子孝之大也故以舍譬曾子黝譬子夏以施舍要之以不懼爲約要也昔者曾子謂子襄曰子好勇乎吾嘗聞大勇於夫子矣自反而不縮雖褐寬博吾不惴焉自反而縮雖千萬人吾往矣孟施舍之守氣又不如曾子之

守約也子襄曾子弟子也夫子謂孔子也縮義也惴懼也詩云惴惴其慄曾子謂子襄言孔子告我大勇之道人加惡於己己內自省有不義不直之心雖敵人被褐寬博一夫不當輕驚懼之也自省有義雖敵家千萬人我直往突之言義之強也施舍雖守勇氣不如曾子守義之爲約也曰敢問夫子之不動心與告子之不動心可得聞與丑曰不動心之勇其意豈可得聞與告子曰不得於言勿求於心不得於心勿求於氣不得於心勿求於氣可不得於言勿求於心不可不得者不得人之善心善言也求者取也告子爲人勇而無慮不原其情人有不善之言加於已不復取其心有善也直怒之矣孟子以爲不可也告子知人之有惡心雖以善辭氣來加已亦直怒之矣孟子以爲是則可言人當以心爲正也告子非純賢其不動心之事一可用一不可用也夫志氣之帥也氣體之充也志心所念慮也氣所以充滿形體爲喜怒也志帥氣而行之度其可否也夫志至焉氣

次焉志爲至要之本氣爲其次焉故曰持其志無暴其氣暴亂也言志所嚮氣隨之當正持其志無亂其氣妄以喜怒加人也既曰志至焉氣次焉又曰持其志無暴其氣者何也丑問暴亂其氣云何曰志壹則動氣氣壹則動志也今夫蹶者趨者是氣也而反動其心孟子言壹者志氣閉而爲壹也志閉塞則氣不行氣閉塞則志不通蹶者相動今夫行而蹶者氣閉不能自持故志氣顛倒顛倒之間無不動心而恐矣則志氣之相動也敢問夫子惡乎長丑問孟子才志所長何等曰我知言我善養吾浩然之氣孟子云我聞人言能知其情所趨我能自養育我之所有浩然之大氣也敢問何謂浩然之氣丑問浩然之氣狀如何曰難言也其爲氣也至大至剛以直養而無害則塞于天地之間言此至大至剛正直之氣也然而貫洞纖

微治於神明故言之難也養之以義不以邪事干害之則可使滋蔓塞滿天地之間布施德教無窮極也其爲氣也配義與道無是餒也重說是氣言此氣與道義相配偶俱行義謂仁義可以立德之本也道無形而生於有形舒之彌六合卷之不盈握包絡天地稟授羣生者也言能養道氣而行義理常以充滿五臟若其無此則腹腸飢虛若人之餒餓也是集義所生者非義襲而取之也集雜也密聲取敵曰襲言此浩然之氣與義雜生從內而出人生受氣所自有者行有不慊於心則餒矣慊快也自省所行仁義不備干害浩氣則心腹飢餒矣我故曰告子未嘗知義以其外之也孟子曰仁義皆出於內而告子嘗以爲仁內義外故言其未嘗知義也必有事焉而勿正心勿忘勿助長也言人行仁義之事必有福在其中而勿正但以爲福故爲義也但心勿忘其爲福而亦勿汲汲助長其福也汲汲則似宋人也無若宋人然宋人有閔其苗之不長而揠之

者芒芒然歸，謂其人曰：今日病矣，予助苗長矣。其子趨而往視之，苗則槁矣。揠，挺拔之，欲亟長也。病，罷也。芒芒然，罷倦之貌。其人，家人也。其子，揠苗者之子也。趨，走也。槁，乾枯也。以喻人之情邀福者必有害，若欲急長苗而反使之枯死也。天下之不助苗長者寡矣。以爲無益而舍之者，不耘苗者也。助之長者，揠苗者也。非徒無益，而又害之。天下人行善者皆欲速得其福，恬然者少也。以爲福祿在天，求之無益，舍置仁義，不求爲善，是由農夫任天，不復耘治其苗也。其邀福欲急得之者，由此揠苗人也，非徒無益於苗，乃反害之。言告子外義，常恐其行義欲急得其福，故爲丑言人之行當內治善，不當急求其福，亦若此揠苗者矣。何謂知言？丑問知言之意何謂。曰：詖辭知其所蔽，淫辭知其所陷，邪辭知其所離，遁辭知其所窮。孟子曰：人有險詖之言，引事以褒人，若賓孟言雄雞自斷其尾之事，能知其欲以譽子朝蔽子猛也有淫美不信之辭若驪姬勸晉獻公與申生之事能知欲以陷害之也有邪辟不正之辭若豎牛觀仲壬賜環之事能知其欲行譖毀以離之於叔孫也有隱遁之辭若秦客之廋辭於朝能知其欲以窮晉諸大夫也凡此四者之類我聞能知其所趨也。

生於其心害於其政發於其政害於其事聖人復起必從吾言矣

生於其心譬若人君有好殘賊嚴酷心必妨害仁政不得行之也發於其政者若出令欲以非時田獵築作宮室必妨害民之農事使百姓有飢寒之患也吾見其端欲防而止之如使聖人復興必從我言也

宰我子貢善爲說辭冉牛閔子顏淵善言德行孔子兼之曰我於辭命則不能也

言人各有能我於辭言教命則不能如二子

然則夫子既聖矣乎

丑見孟子但言不能辭命不言不能德行謂孟子欲自比孔子故曰夫子既已聖矣乎

曰惡是何言也昔者子貢問於孔子曰夫子聖矣乎孔子曰

聖則吾不能我學不厭而教不倦也子貢曰學不厭智也教不倦仁也仁且智夫子既聖矣乎夫聖孔子不居是何言也惡者不安事之歎辭也孟子荅丑言往者子貢孔子相荅如此孔子尚不敢安居於聖我何敢自謂爲聖故再言是何言也昔者竊聞之子夏子游子張皆有聖人之一體冉牛閔子顏淵則具體而微體者四肢股肱也孟子言昔日竊聞師言也丑方問欲知孟子之德故謙辭言竊聞也一體者得一肢也具體者四肢皆具微小也比聖人之體微小耳體以喻德也敢問所安丑問孟子所安比也曰姑舍是姑且也孟子曰且置是我不願比也曰伯夷伊尹何如丑曰伯夷之行何如孟子心可願比伯夷否曰不同道言伯夷之行不與孔子伊尹同道也非其君不事非其民不使治則進亂則退伯夷也非其

君非已所好之君也非其民不以正道而得民伯夷不願使之故謂之非其民也何事非君何使非民治亦進亂亦進伊尹也伊尹曰事非其君者何傷也使非其民者何傷也要欲爲天理物冀得行道而已矣可以仕則仕可以止則止可以久則久可以速則速孔子也止處也久留也速疾去也皆古聖人也吾未能有行焉乃所願則學孔子也此皆古之聖人我未能有所行若此乃言我心之所庶幾則願欲學孔子所履進退無常量時爲宜也伯夷伊尹於孔子若是班乎班齊等之貌也丑嫌伯夷伊尹與孔子相比問此三人之德班然而等乎曰否自有生民以來未有孔子也孟子曰不等也從有生民以來非純聖人則未有與孔子齊德也曰然則有同與丑曰然則此三人有同者邪曰有得百里之地而君之皆能以朝諸侯有天下

行一不義殺一不辜而得天下皆不爲也是則同孟子曰此三人君國皆能使鄰國諸侯尊敬其德而朝之不以其義得之皆不爲也是則孔子同之矣曰敢問其所以異丑問孔子與二人異謂何曰宰我子貢有若智足以知聖人汙不至阿其所好孟子曰宰我等三人之智足以識聖人汙下也言三人雖小汙不平亦不至阿其所好以非其事阿私所愛而空譽之其言有可用者欲爲丑陳三子之道孔子也宰我曰以予觀於夫子賢於堯舜遠矣予宰我名也以爲孔子賢於堯舜以孔子但爲聖不王天下而能制作素王之道故美之如使當堯舜之世觀於制度賢之遠矣子貢曰見其禮而知其政聞其樂而知其德由百世之後等百世之王莫之能違也自生民以來未有夫子也見其制作之禮知其政之可以致太平也聽聞其雅頌之樂而知其德之可與文武同也春秋外傳曰五

聲昭德言五音之樂聲可以明德也從孔子後百世上推等其德於前百世之聖王無能違離孔子道者自從生民以來未有能備若孔子也有若曰豈惟民哉麒麟之於走獸鳳凰之於飛鳥泰山之於丘垤河海之於行潦類也聖人之於民亦類也出於其類拔乎其萃自生民以來未有盛於孔子也垤蟻封也行潦道傍流潦也萃聚也有若以爲萬類之中各有殊異至於人類卓絕未有盛美過於孔子者也若三子之言孔子所以異於伯夷伊尹也夫聖人之道同符合契前聖後聖其揆一也不得相踰云生民以來無有者此三人皆孔子弟子緣孔子聖德高美而盛稱之也孟子知其言大過故貶謂之汙下但不以無爲有耳因事則襃辭在其中矣亦以明師徒之義得相褒揚也

【疏】公孫丑問曰夫子加齊之卿相至未有盛於孔子也○正義曰此章言義以行勇則不動心養氣順道無効宋人聖人量時賢者道偏孟子究言情理歸學於孔子也公孫丑問曰夫子加齊之卿相得行道焉雖由此霸王不異矣如此則動心否乎者是公孫

丑問孟子言以夫子之才加之以齊國卿相之位以得行其道雖曰用此卿相之位而輔相其君而行之亦不異於古之霸王矣如此則夫子寧動心畏懼其不能行乎否不動心畏懼其不能行乎孟子曰否我四十不動心者孟子荅公孫丑以謂我年至四十之時內有所定故未嘗動心有所畏懼也曰若是則夫子過孟賁遠矣者公孫丑見孟子以謂四十之時已不動心言如此則夫子是有勇過於孟賁之勇士也曰是不難告子先我不動心者孟子言我之有勇過於孟賁此不難也孟子之意蓋謂已之勇勇於德孟賁之勇但勇於力必能過之也所以謂不難也以言其易過之也言告子之勇已先我於未四十之時而不動心矣曰不動心有道乎者丑問孟子謂不動心寧有道乎曰有孟子欲爲公孫丑言其不動心之道故荅之曰有也北宮黝之養勇也不膚撓不目逃至孟施舍之養勇也曰視不勝猶勝也以至又不如曾子之守約也者此皆孟子荅公孫丑而言養勇者也北宮黝北宮姓黝名孟施舍孟姓名舍施發言之音也曾子姓曾名參字子輿子夏姓卜名商字子夏並爲孔門之徒弟也言北宮黝之養勇人刺其肌膚不爲撓却人刺其目不以目轉睛而逃避思以一毫之毛而拔於人若見捶撻於市朝之中矣不受物於被褐者之獨夫亦不受賜於萬乘之君視刺萬乘之君

但若刺被褐者之獨夫無嚴畏諸侯有惡聲加已已亦以惡聲反報之此北宮黝養勇之如是也孟施舍之養勇嘗謂視敵之不勝猶勝之也若以量度其敵可以敵然後進而敵之謀慮其必能勝敵然後方會其兵此是畏三軍之士也非勇者也故自稱名曰舍豈能爲必勝其敵哉但能無所畏懼而已矣此孟施舍養勇之如是也孟施舍養勇其迹近似於曾子北宮黝養勇其迹近似於子夏以其孟施舍養勇見於言而要約如曾子以孝弟事親喻爲守身之本聞夫子之道則喻爲一貫之要故以此比之也北宮黝養勇見於行而多方如子夏況在於紛華爲已有雜於小人之儒教人以事於灑掃之末故以此比之也雖然以二子之實固不足比於曾子子夏但以粗迹比之耳是二子之養勇皆止於一偏未如君子所養得其大全而已孟子所以言夫二子黝與舍之養勇又未知誰以爲猶賢然而能無懼而已者近能知其本也故曰孟施舍守約也昔者曾子謂子襄曰子好勇乎吾嘗聞大勇於夫子矣至守約也孟子言往者曾子謂子襄曰子能好勇乎言我嘗聞夫子有大勇之義告於我以謂自反已之勇爲非義則在人者有可陵之辱故雖一褐寬博之獨夫我且不以小恐惴之而且亦大恐焉自反已之勇爲義則在人無可憚之威故雖千萬人之衆我且直往其中而不懼矣如此

則孟施舍養勇在於守其氣勇又不如曾子以義爲守而要也言此則黝不如子夏可知矣以其養勇有本末之異則言北宮黝之多方不若孟施舍之守約以其守約有氣義之别則又言孟施舍之守其氣勇不如曾子以義爲守而要也然論其不動心則同根其德則大不相侔矣曰敢問夫子之不動心與告子之不動心可得聞與者公孫丑又問孟子之不動心與告子之不動心其道可得而聞知之與告子曰不得於言勿求於心不得於心勿求於氣至勿求於心不可者孟子荅孫丑以謂告子言人有不善之言者是其不得於言者也故不復求其有善心告子意以謂人既言之不善則心中亦必不善也故云不得於言勿求於心人有不善之心者是其不得於心者也故不復求其有善辭氣告子意以謂人心既惡則所出辭氣亦必不善也故云不得於心勿求於氣孟子言之以謂人有不善之心故勿復求其有善辭氣則如告子之言可也如人但有不善之言便更不復求其心之有善則告子之言以爲不可也無他蓋以人之言雖有不善而其心未必不善也其心之不善則所出辭氣必不善故也以其告子非得其大全之道故其言此一可行一不可行也夫志氣之帥也氣體之充也者孟子言人之志心之所之之謂志所以帥氣而行之者也氣但能充滿形體者也故曰志氣之

帥也氣體之充也以其人之辭氣有不善者皆心志所帥而行之矣氣者但惟志是從也所以又言志至焉氣次焉蓋以氣由志之所發志得氣而運之也然則氣爲所適善惡之路豈非志至焉氣次焉之意乎至言無以過之以其足以制於氣不爲氣之所制次言有以先之以其從於志而又有以持於志也故曰持其志無暴其氣者孟子言氣惟志之是從但持揭其志則無暴亂其氣矣既曰志至焉氣次焉又曰持其志無暴其氣者何也者孫丑未曉孟子之言志氣故問之曰夫子既以言志至焉氣次焉而又再言持其志無暴其氣是如之何也曰志壹則動氣氣壹則動志也今夫蹶者趨者是氣也而反動其心者孟子荅孫丑言志鬱壹而不通矣是謂志壹則動氣氣鬱壹而不通矣是謂氣壹則動志也今夫志氣皆鬱壹而不通以之顛倒趨蹶者是乃反動其心焉故曰今夫蹶者趨者是氣也而反動其心蓋志則將帥譬也氣則衆卒譬也心則君譬也君任將帥將帥御衆然則志壹則動氣如將帥悖則動衆卒矣氣壹則動志如衆卒悖則動將帥其上又有以動其君矣由此論之則既持其志又不可不知無暴其氣矣敢問夫子惡乎長者公孫丑問孟子曰夫子之才志所長以何等敢請問之曰我知言我善養吾浩然之氣者孟子荅孫丑之問以謂我之所長是我能知人之言而識

其人情之所嚮我又善養我所有浩然之氣也敢問何謂浩然之大氣者公孫丑之言敢問如何謂之浩然大氣曰難言也其爲氣也至大至剛以直養而無害則塞于天地之間者孟子荅公孫丑以爲浩然之大氣難以言形也蓋其爲氣至大而無所不在至剛而無所不勝養之在以直道不以邪道干害之則充塞于天地之間無有窮極也其爲氣也配義與道無是餒也者孟子又重言爲氣也與道義相配偶常以充滿於人之五臟若無此氣與道義[illegible]偶則餒矣若人之飢餓也能合道義以養其氣即至大至剛之氣也蓋裁制度宜之謂義故義之用則剛萬物莫不由之謂道故道之用則大氣至充塞盈滿乎天地之間是其剛足以配義大足以配道矣此浩然大氣之意也是集義所生者非義襲而取之也者孟子又言是氣也是與義雜生所自有者也從內而出矣非義之所密取而在外入者也行有不慊於心則餒矣者孟子又言人之所行如有道義不足於心者則飢餓者矣以其有邪干害其浩然之氣者爲孟子所以云我故曰告子未嘗知義以其外之也蓋以告子以仁內義外爲言此孟子乃曰告子未嘗知義是又不知是集義所生者非義襲而取之之意也必有事焉而勿正心勿忘勿助長也者孟子又言人之所行仁義之事必有福在其中矣而不可但正心於爲福然後乃

行仁義也止在其不忘於爲福不汲汲於助長其福矣以其人生之初蓋性固有不但爲之然後有也惟在常存行之耳斯亦集義所生非義襲而取之之意也故曰必有事焉而勿正心勿忘勿助長也又一說云言人之所行不可必待有事而後乃正其心而應之也惟在其常存而不忘又不在汲汲求助益之而已斯則先事而慮謂之豫豫則事優成後事而慮謂之猶猶則不立之意也以其在常存正心於事未然之前耳矣故曰必有事焉而勿正心其言勿忘勿助長則同意無若宋人然宋人有閔其苗之不長而揠之者至而又害之者此孟子引宋人揠苗而比喻之以解其助長之意也言人苟欲速得其福而助長之者則宋人揠苗者也故言無若宋人然宋人宋國之人也宋國之人有憐閔苗之不長茂而以揠拔欲亟其長者芒芒然罷倦而回歸謂其家中之人曰今日我罷倦成病矣我其爲助長其苗矣其宋人之子見父云助苗長而罷倦成病乃趨走而往視其苗還助得其長否及往至田所視之其苗則皆枯槁而死矣孟子又言今天下之人不若助苗長者少矣言當時人皆欲速其福而助長之者也以其爲善無所益而舍去之者是忘其善也是若不耘其苗者也助長者是若揠苗者也非特無益其善而又適所以殘害其善也善者即仁義是也仁義即善也苗是種之義。者以譬則人之美質也固非可以增減之耳孟子之意蓋欲人之所行當內治不當急欲求其福也此亦脩其天爵而人爵從之之意也孟子所以云我善養吾浩然之氣何謂知言者公孫丑既得孟子言浩然之氣又問孟子知言之意謂何曰詖辭知其所〇陷邪辭知其所離遁辭知其所窮者此孟子又荅孫丑問知言之意也詖辭其言有偏詖不平也孟子言人有偏詖不平之言我則知其蔽於一曲而已若告子言仁內義外是也趙云若賓孟言雄雞自斷其尾之事也淫辭言過而不中也孟子言人有過而不中之言我則知其所陷而陷又無所不蔽而已如人墜於陷阱之陷以其無所不蔽也若楊墨無父無君之言是也趙云若驪姬勸晉獻公與申生之事也邪辭悖正道者也孟子言人有悖正道之言我則知其言易以離畔矣若陳賈謂周公未盡仁智而況於齊王之言是也趙云若豎牛觀仲壬賜環之事也遁辭屈其理也孟子言人有屈理之言我則知其言易以窮也若夷子與孟子相勝以辯卒以受教是也趙云若秦客之廋辭也生於其心害於其政發於其政害於其事者孟子又言此上四事皆非出於其心者即皆出於異端之學者也人君苟生此四者於心中必妨害其仁政既妨害其仁政則又妨害其事政則本上之所施而正人者也事則下之所行以治職者也故事爲政

之末政爲事之本如孔子問冉子之退朝何晏也則謂之事故不謂之政是知政事有別矣聖人復起必從吾言矣者孟子言後之聖人有能復興起者必從事吾此言而行之矣宰我子貢善爲說辭冉牛閔子顏淵善言德行孔子兼之曰我於辭命則不能也者孟子既言其詖淫邪遁之辭爲非故於此言其善爲說辭善言德行爲是者也蓋言宰我子貢二者皆善能爲說辭說辭者以辭說人者也宰我子貢皆得聖人所以言者也故云善爲說辭論語四科二人所以列於言語之科也冉牛閔子顏淵三者皆善言德行善言德行者言之必可行是善言也行之必可言是德行也冉牛閔子顏淵皆得聖人所以行者也故云善言德行論語四科三者所以列於德行科也孔子兼之者孔子天縱之將聖故多能鄙事則於說辭德行兼而能焉而曰我於辭命則不能也孟子蓋以儒道遊於諸侯而諸侯賓之不敢臣又爲國人所矜式故於辭命又安用之哉此所以曰我於辭命則不能也然孟子於辭命非誠不能也但不爲之耳以辭命人者故謂之辭命以其末也非本也故不言不能德行以其本也非末也孟子之意蓋欲當時之人務本不務末耳然則夫子既聖矣乎者公孫丑見孟子但言不能辭命之末不言不能德行之本故謂孟子如是則夫子既已爲聖矣以其宰我子貢雖善爲說辭

然尚未得聖人所以言冉牛閔子顏淵雖善言德行然尚未得聖人所以行故數子者但爲孔子之高弟惟顏淵三子於聖但具體而微者而亦未得其爲聖矣公孫丑見孟子言之辭命則不能者以知孟子之意蓋有在於此矣所以於辭命則言不能也故問之曰然則夫子既聖矣乎曰惡是何言也者孟子荅公孫丑爲不敢安居其聖故曰惡是何言也惡歎也以其不敢居聖故嘆而言之也又言昔者子貢問於孔子曰夫子聖矣乎至是何言也者孟子言昔日子貢嘗問於孔子而謂夫子聖矣乎孔子荅之曰於聖則我不能爲也我但學不厭飽教人不倦怠也子貢曰夫學道能不厭飽是有智也以其智足以有知故能學道不厭也教人能不倦怠是有仁也以其仁足以及物故能教人不倦也仁而且智是夫子既以聖矣孟子遂言夫聖於孔子尚不敢居而今丑言我既聖矣是何所言也故再言是何言也昔者聞之子夏子游子張皆有聖人之一體冉牛閔子顏淵則具體而微者孟子常自謙故言我往日竊聞之有子夏子游子張三人皆有聖人之一體亦未得其全才冉牛閔子顏淵則具體但而微小者也孟子言此是宜孫丑於前有夫子既聖矣乎而問之也敢問所安者丑見孟子又言此子夏子游子張冉牛閔子顏淵數者意欲知孟子於此數者之中何者爲比也曰姑舍是者

孟子言且置去非我之願比者也曰伯夷伊尹何如者丑見孟子不比數者又問之以伯夷伊尹二者可比之何如曰不同道者孟子荅之以爲伯夷之行不與伊尹孔子同道也非其君不事非其民不使治則進亂則退伯夷也者孟子。非其所好之君則不奉事之非以正道得民者不命使之天下有治道之時則進而仕之天下無道則退藏其身是伯夷之所行也何事非君何使非民治亦進亂亦進伊尹也者孟子言伊尹曰何所事之君爲非君蓋所事者即皆君也何所使之民爲非民蓋以所使皆是民也天下治亦進而行道天下亂亦進而行其道是伊尹之。如是也可以仕則仕可以止則止可以久則久可以速則速孔子也者孟子言可以進而進可爲仕則進而仕之可止而不仕則止之而不仕可以久則久雖終身不仕亦不爲之久可以速則速雖接淅而行亦不爲速是孔子所行如是也皆古聖人也吾未能有行焉乃所願則學孔子也孟子言此數者皆是古之聖人也我俱未有所行若此而已乃言我之所願學則孔子是學也孟子之意蓋謂孔子所行於伯夷伊尹二子皆兼而有之也故可仕則仕而不爲伯夷之必於退可止則止而不爲伊尹之必於進則無可無不可矣故於終所必歸之但願學孔子也伯夷伊尹於孔子若是班乎者公孫丑見孟子言之伯夷伊尹又言之以孔子乃曰皆古聖人也故問之以伯夷伊尹孔子如是則齊等之乎班齊等也曰否自生民以來未有孔子也者孟子荅之以爲否不齊等也自其有生民以來至今未有與孔子齊其等者也然則有同與者公孫丑又問孟子以謂如是則伯夷伊尹孔子三人有同者耶曰有得百里之地而君之至是則同者孟子荅之以謂此三人有所同也蓋得百里之土地而爲君三人皆能以朝諸侯有天下也然行一事之不義殺一人之無罪而得天下則三人亦皆不爲之如是則同若其他事則所行又有不同焉故曰是則同曰敢問其所以異者公孫丑又問孟子曰丑敢請問三人其所以有異者曰宰我子貢有若智足以知聖人汙不至阿其所好至未有盛於孔子也者此皆孟子爲丑言此三人其所以異者也言宰我與子貢有若三者其有智皆足以知其聖人然雖有小甲汙不平處蓋亦不至於阿私所好而空譽之其言皆有可用者也遂引宰我知聖人之事爲公孫丑言之故言宰我有曰以予觀於孔子其賢過於堯舜遠矣予宰我名也宰我之意蓋謂堯舜有位之聖人故其行道易孔子無位之聖人故其行道難故以難易爲言也又謂堯舜治天下但見効於當時即一時之功也孔子著述五經載道於萬世以其有萬世之功故以功爲言也孟子又引子貢有曰見其孔子制作之禮而

知孔子有政可以致天下之太平聞孔子雅頌之樂音而知孔子有德與文武同也從孔子之後推而等之百世之聖王者無有能違逆其孔子之道者是其自生民而來至于今未有如夫子者也凡此是子貢之知聖人有如此也孟子又引有若有曰豈獨其民有類乎哉言麒麟之於走獸鳳凰之於飛鳥太山之於丘垤河海之於行潦亦類也聖人之於民亦類也然而走獸之中以麒麟爲之長飛鳥之中以鳳凰爲之王丘垤之中以太山爲之尊行潦之間以河海爲之大人民之間以聖人爲人倫之至也聖人之於民類也物亦類也以其出乎民人之類而超拔乎衆萃之中自生民以來至于今未有盛美過於孔子者也然則孔子於此三子言之是所以異於伯夷伊尹者也故孟子所以願學則學孔子也○注四十強而仕○正義曰曲禮云人生十年曰幼學二十曰弱冠三十曰壯而有室四十曰強而仕五十曰艾服官政六十曰耆指使七十曰老而傳八十九十曰耄凡此是其禮文也○注孟賁勇士也○正義曰案帝王世說云秦武王好多力之人齊孟賁之徒並歸焉孟賁生拔牛角是爲之勇士也○注云北宮黝北宮姓黝名也又云褐寬博獨夫被褐者釋云褐編枲襪也一曰短衣北宮黝其人未詳於他經傳亦未之聞焉孟施舍亦未詳云縮義也惴懼也聞記云古之冠也縮縫

今之冠也衡縫則縮者有理之直也是知縮訓義也詩云惴惴其慄注云恐也傳曰小恐惴惴大恐緩緩是也○注密聲取敵曰襲○正義曰左傳云凡有鐘鼓曰伐無鐘鼓曰襲杜預注云密聲取敵曰襲是其文也○注云賓孟言雄雞自斷其尾至諸大夫也○正義曰案魯昭公二十二年左傳云王子朝賓起有寵於景王王與賓孟說之欲立劉獻公之庶子伯蚠事單穆公惡賓孟適郊見雄雞自斷其尾問之侍者曰自憚其犧也遽歸告王且曰雞其憚爲人用乎人異於是犧者實用人人犧實難已犧何害王弗應凡此是也云驪姬勸晉獻公與申生者案魯莊公二十八年云晉獻公娶于賈無子烝於齊姜生秦穆夫人及太子申生又娶二女於戎大戎狐姬生重耳小戎子生夷吾晉伐驪戎驪戎男女以驪姬歸生奚齊其娣生卓子驪姬欲立其子賂外嬖梁五與東關嬖五使言於公曰曲沃君之宗也蒲與二屈君之疆也不可以無主宗邑無主則民不威疆埸無主則啓戎心若使太子主曲沃而重耳主蒲夷吾主屈則可以威民而懼戎且旌君伐使俱曰狄之廣莫於晉爲都晉之啓土不亦宜乎晉侯悅之夏使太子申生主曲沃重耳居蒲夷吾居屈惟二姬之子在絳二五卒與驪姬譖羣公子而立奚齊晉人謂之二五耦凡此是也云豎牛觀仲壬賜環之事案左傳昭公四年云初穆子

去叔孫氏及庚宗適齊娶於國氏生孟丙仲壬夢天壓己弗勝顧而見人黑而上僂深目而猳喙號之曰牛助余乃勝之耳旦召其徒無之及後婦人獻雉婦人是穆子及庚宗之地常遇而宿者也因問其有子曰余子長矣能奉雉而從我矣召而見之則所夢也問其名曰牛遂使爲豎臣有寵長使爲政豎牛欲亂後仲壬與公御萊書觀於公公與之環使牛入示之入不示出命佩之牛謂叔孫見仲壬而何叔孫曰何爲而不見旣自見矣公與之環而佩之矣遂逐之奔齊叔孫疾急命召仲牛許而不召有進食則止之而兆進叔孫不食乃卒立其子而相之昭公五年又曰昭子即位朝其家衆曰豎牛禍叔孫氏使亂大從殺適立庶又披其邑將以赦罪罪莫大焉必速殺之豎牛懼奔齊孟仲之子殺諸塞外投其首於寧風之棘上凡此是也云秦客廋辭者案國語晉文公時范文子暮退於朝武子曰何暮也對曰有秦客廋辭於朝大夫莫之能對吾知一二焉武子怒曰大夫非不能也讓父兄也爾童子而三掩人於朝吾不在晉國無日矣擊之以杖折委笄凡此者是也大抵廋辭云者如今呼筆爲管城子紙爲楮先生錢爲白水員人又爲阿堵物之類是也○注予宰我名也○正義曰案史記弟子傳云宰予字子我鄭玄曰魯人也○注垤蟻封行潦道傍流潦也萃聚也○正義曰釋云垤蟻

冢也潦雨水盛也經云行潦是爲道傍流潦也萃亦云集也

孟子注疏解經卷第三上

南昌縣知縣陳煦栞

孟子注疏卷三上挍勘記

阮元撰盧宣旬摘録

公孫丑者自此至故以題篇廖本無閩監毛三本孔本韓本有

謂不率齊桓公閩監毛三本同廖本孔本韓本考文古本率作帥按音義出不帥注云音率則作帥是也

恥見比之之甚也閩監毛三本同孔本韓本不重之字

尚不可以爲邪閩監毛三本孔本同韓本考文古本無以字

何謂若易然也閩監毛三本同孔本若作王韓本考文古本謂下有王字

聖賢之君六七興閩監毛三本同岳本孔本韓本聖賢作賢聖

言其易也閩監毛三本同廖本孔本韓本考文古本無其字

相與輔相之各本同音義出輔相云丁本作押義與夾同

雖有鎡基 音義出鎡基云或作茲

三豐時也 補案明監本毛本並作三農是也此本作豊形近之譌

今齊地士民以足矣 士當作土閩監毛三本不誤廖本考文古本民下有人字孔本韓本與廖本同以作已

章指言德流之速過於置郵君子得時大行其道是以呂望覲文王而陳王國管晏 足利本作嬰非 雖勤猶爲曾西所羞也

猶爲魯西所羞也 閩監毛三本魯改曾是今據改

指孫丑而云也 閩本同監毛本孫上有公字按此及下章疏稱公孫丑爲孫丑不一而足當是僞疏本文如此非脱字也監毛每加公字非

其王者不作 其當作且閩監毛三本不誤

注曾西曾子之孫及子路　此下脫一○

雖用此臣位　各本並同足利本臣作巨非

輔君行之　閩監毛三本同岳本廖本孔本韓本考文古本上有而字

人當畏懼之　孔本韓本同閩監毛三本畏作恐

夫子志意堅勇　岳本廖本孔本韓本考文古本同閩監毛三本意作氣

丑問不動心之道云何　閩監毛三本孔本韓本足利本同考文古本無心字

不膚橈　宋九經本岳本廖本孔本韓本同閩監毛三本橈作撓按音義出橈字作撓非也

思以一豪挫於人　宋九經本岳本咸淳衢州本孔本韓本同閩監毛三本豪作毫非

舍豈能爲必勝哉　閩監毛三本同廖本孔本韓本考文古本無舍字

吾不惴焉　音義之睡切丁本作遄音揣

詩云惴惴其慄閩監毛三本同孔本韓本考文古本慄作栗○按說文無慄字作栗是也

不復取其心有善也廖本孔本韓本考文古本同閩監毛三本也作已非

氣之帥也音義出之帥云本亦作師○按據千祿字書唐人帥字多作師乃俗字也既又譌師

氣爲其次焉閩監毛三本同廖本孔本韓本考文古本無焉字

故志氣顛倒音義出顛倒云字或作傎

則志氣之相動也閩監毛三本孔本韓本同廖本足利本無也字

治於神明閩監毛三本同廖本孔本韓本考文古本治作洽是也足利本作合

布旅德教監毛本俱作布施

道無形而生於有形閩監毛三本同廖本孔本考文古本道下有謂陰陽大道五字無於字韓本與廖本同大作天足利本亦與廖本同生有形作生於形非○按有謂陰陽大道五字無於字者是也漢人皆以

陰陽五行爲天道易曰一陰一陽之謂道趙氏用此語以無形生有形者也

稟授羣生者也　孔本韓本考文古本同閩監毛三本授作受○按授是

言能養道氣　閩監毛三本同岳本廖本孔本韓本考文古本道上有此字

若人之餧餓也　各本同足利本餓作饑

故爲義也　閩監毛三本同岳本廖本孔本韓本考文古本義上有仁字

而亦勿汲汲　閩監毛三本同孔本韓本足利本無而字

以喻人之情邀福者　閩監毛三本同廖本者作也孔本之作助者作也韓本足利本之作助

天下人行善者　閩監毛三本同廖本孔本韓本考文古本無者字

其遲福欲急得之者　閩監毛三本同廖本孔本韓本考文古本遲作邀○按遲是也讀如遲客之遲

由此揠苗人也　閩監毛三本同廖本孔本韓本考文古本人上有之字

乃反害之　閩監毛三本同孔本韓本乃作而

常恐其行義　各本同考文古本行作作

急求其福　閩監毛三本同岳本孔本韓本急下有欲字

亦若此揠苗者矣　閩監毛三本同孔本韓本考文古本無此七字按考文引矣作也非

丑問知言之意何謂　閩監毛三本同孔本韓本考文古本何謂作謂何

若賓孟言雄雞自斷其尾之事　閩監毛三本孔本同韓本足利本無之字又足利本孟下有子字非

若驪姬勸晉獻公與申生之事　閩監毛三本同廖本孔本考文古本驪作麗之事作政韓本驪作麗足利本事作政按音義出麗姬字則宜公所見本亦作麗

勸仲壬賜環之子 閩監本同孔本韓本考文古本壬作任毛本勸誤觀

能知其所趨也 閩監毛三本同廖本孔本韓本考文古本趨下有者字

辭言教命 閩監毛三本同孔本作言辭命教韓本作言辭教命考文古本作辭言命教

夫子既聖矣乎 各本無乎字此本有乎字非也足利本同

曰伯夷伊尹何如 盧文弨抱經堂文集云依趙注經文但云伯夷何如無伊尹二字○按此說極確趙注本憭然丑問伯夷一人孟子乃及伊尹

故謂之非其民也 閩監毛三本孔本同韓本考文古本無之字

要欲爲天理物 廖本孔本韓本考文古本同閩監毛三本要誤更

冀得行道而已矣 各本同考文古本矣作也

亦不至阿其所好 各本同考文古本阿誤於

如使當堯舜之世觀於制度閩監毛三本足利本同廖本孔本韓本考文古本世作處無觀於制度四字○按無者是

未有能備若孔子也閩監毛三本孔本同韓本考文古本無有字

泰山之於丘垤咸淳衢州本泰作太

未有盛於孔子也各本同閩本也上衍者字

所以以異於伯夷伊尹也閩本同監毛本少一以字廖本上有則字孔本韓本考文古本足利本所以以作則所以

但不以無爲有耳閩監毛三本孔本同韓本考文古本無耳字

章指言義以行勇則不動心養氣順道無效宋人聖人量時賢者道偏足利本作徧是以孟子究言情理而歸之學孔子

也

賢者道偏閩監本同毛本偏作徧非

然則氣爲所適善惡之馬閩監毛三本馬作路

苗是種之義者閩監毛三本之義作美

詖辭知其所陷陷上脫蔽淫辭知其所六字閩監毛三本不脫

孟子非其所好之君非上脫言字閩監毛三本不脫

是伊尹之如是也閩監毛三本之下有行字案閩本行如是三字擠則行字是閩本增也

孟子言可以進而進而爲仕衍進而字閩監本同毛本刪去是也

案帝王世說云閩監毛三本同案說當是紀之誤

豎牛欲亂後閩本同監毛本後作其室按監本其室字擠是監本據左傳改也

而不見既自見矣明監毛本同案而當曰譌豎牛語也

孟子注疏卷三上挍勘記

奉新趙儀吉挍

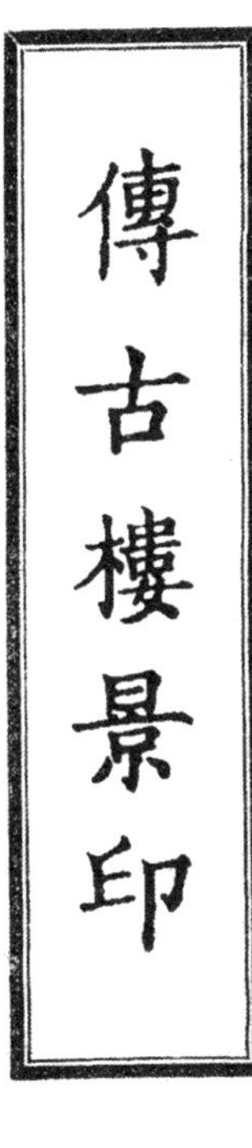

傳古樓景印